Paul Hawkins

# HOW TO TAKE OVER EARTH

Der erste geleakte Bericht
eines Außerirdischen

Aus dem Englischen von
Karolin Viseneber



Ullstein

Besuchen Sie uns im Internet:
www.ullstein-taschenbuch.de

Bildnachweise: S.18 u. 255: „The Blue Marble" (NASA reference: AS17-148-22727), Apollo 17, NASA, 1972. / S.13. „Earthrise", Bill Anders, Apollo 8 Mission, NASA, 1968. / S. 79: Satellite shell, European Space Agency. / S. 103/115 „The Pioneer Plaque", Linda Salzman Sagan, Carl Sagan, & Frank Drape of Cornell University; NASA, Pioneer 10 Mision, 1972. / S.189. (NASA reference: AS11-40-5905HR), Neil Armstrong, NASA, Apollo 11, 1969. / S.195. Big Ear Radio Observatory and North American AstroPhysical Observatory (NAAPO) / S. 337: Apollo 11, Neil Armstrong, 1969, Lunar and Planetary Institute, NASA.

MIX
Papier aus verantwortungsvollen Quellen
FSC
www.fsc.org
FSC® C083411

Originalausgabe im Ullstein Taschenbuch
1. Auflage Februar 2018

Umschlaggestaltung: zero-media.net, München
Titelabbildung: © Agnese Laguzzi
Satz: KompetenzCenter, Mönchengladbach
Gesetzt aus der American Typewriter
Druck und Bindearbeiten: CPI books GmbH, Leck
ISBN 978-3-548-37697-4

**TOP SECRET**

# *How to Take Over Earth*

*- report -*

## THE UNITED EMPIRES OF SPLORTA

INTERPLANETARY OUTREACH
SCOUTING UNIT

LIEBER ERDLING

DIESER NUN FREIGEGEBENE BERICHT ERFORDERT IHRE SOFORTIGE AUFMERKSAMKEIT. ES HAT EINEN KLEINEN VORFALL GEGEBEN. GENAUER GESAGT HANDELT ES SICH UM EINE REIHE VON MISSVERSTÄNDNISSEN, PANNEN UND EINE GERADEZU UNERMESSLICHE ANZAHL VON FRAGWÜRDIGEN ENTSCHEIDUNGEN IM (VON IHNEN SO GENANNTEN) „WELTRAUM". AUS DIESEM GRUND WERDEN SIE SICH MIT DEN FOLGENDEN INFORMATIONEN AUSEINANDERSETZEN MÜSSEN, DIE NORMALERWEISE NUR FÜR DEUTLICH HÖHER ENTWICKELTE ZIVILISATIONEN BESTIMMT SIND. DAS IST BEDAUERLICH, ABER UNUMGÄNGLICH.

BEIM LESEN DES BERICHTS WERDEN VERMUTLICH VIELE FRAGEN AUFKOMMEN, WAS DER WINZIGKEIT IHRES RÜCKSTÄNDIGEN, REIZARMEN GRUNDLAGENGEHIRNS GESCHULDET IST.

STELLENWEISE WIRD ES IHNEN SO VORKOMMEN, ALS GÄBE ES BESONDERS VIELE SOGENANNTE „ZUFÄLLE". ABER DAS STIMMT NICHT. UNTER KOSMISCHEN GESICHTSPUNKTEN HANDELT ES SICH UM EIN GANZ NORMALES MASS AN „ZUFÄLLEN". DAS KÖNNTEN SIE AUCH WISSEN, WENN SIE SICH DIE MÜHE GE-

MACHT HÄTTEN, EIN WENIG ZU RECHERCHIEREN. DOCH WIE ÜBLICH LEIDEN SIE UNTER DEM WOHLBEKANNTEN ANTHROPOZENTRISCHEN GLAUBEN, ETWAS BESONDERES ZU SEIN, GEPAART MIT DER ERSTAUNLICHEN UNFÄHIGKEIT, STATISTISCHE WAHRSCHEINLICHKEITEN UND ÜBERLEBENSCHANCEN ÜBERHAUPT ZU VERSTEHEN. STATISTISCH GESEHEN GESCHEHEN SOLCHE DINGE NÄMLICH STÄNDIG. DAS UNIVERSUM IST SCHLIESSLICH UNENDLICH. ICH WEISS WIRKLICH NICHT, WAS DARAN SO KOMPLIZIERT SEIN SOLL.

ZU GUTER LETZT MUSS ICH SIE NOCH VORWARNEN, DASS IHRE SPEZIES NICHT IMMER BESONDERS GUT WEGKOMMT. ABER DAS IST LETZTENDLICH VOR ALLEM IHR EIGENER FEHLER.

ENDE DER NACHRICHT

---

**ANHANG:**

**GalaktischeKarte.jpg**

**Übersetzungshinweis.pdf**

Galaktische Karte.jpg

# GALACTIC MAP

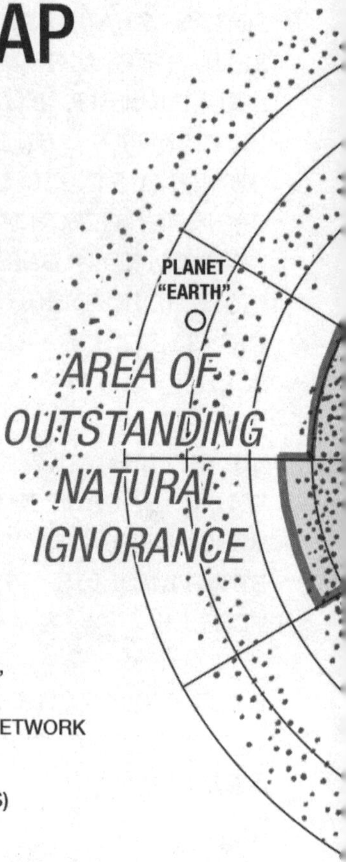


## *KEY:*

- ○ RELEVANT CIVILISATION
- MOSTLY EMPTY SPACE 'ADMINISTERED' BY THE INCREASINGLY IRONIC UNION OF ISOLATIONISTS
- MOSTLY EMPTY SPACE COVERED BY THE (INCREASINGLY IRRELEVANT) 'INTERGALACTIC TREATY OF PRO-ACTIVE INDIFFERENCE'
- SPACE-TRAFFIC HYPER-LINK NETWORK
- "ROUND-A-PLANETS" (CONVENIENT TURNING POINTS)
- THE "G.O.S.H." CLOUD: A.I. RETIREMENT COMMUNITY FOR THE EXPONENTIALLY INTELLIGENT

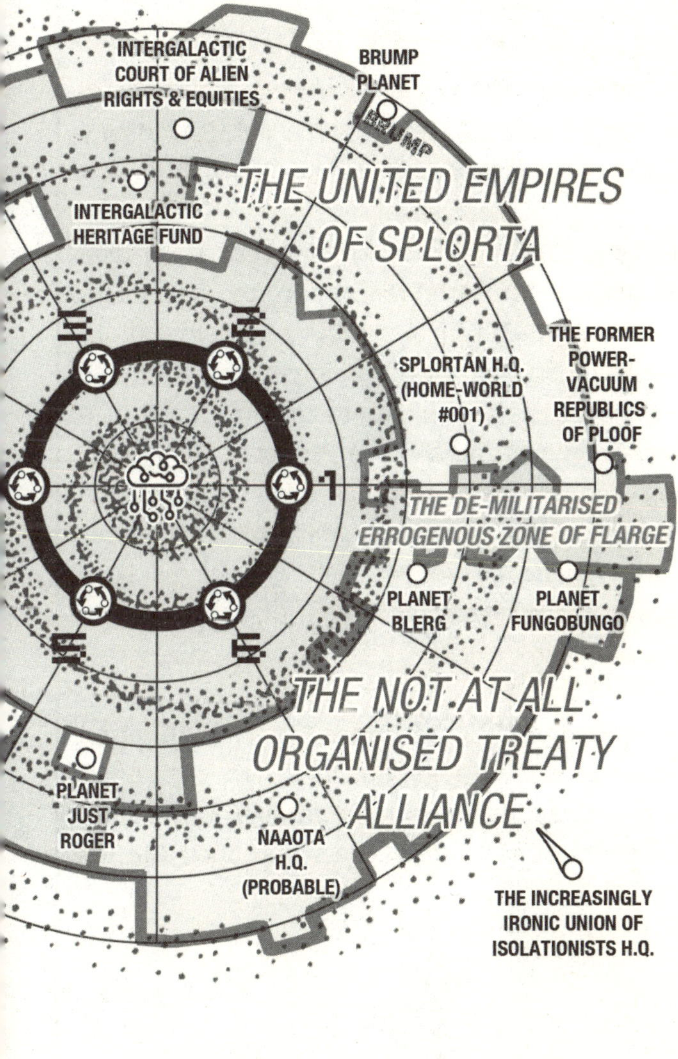
INTERGALACTIC COURT OF ALIEN RIGHTS & EQUITIES
BRUMP PLANET
BRUMP
THE UNITED EMPIRES OF SPLORTA
INTERGALACTIC HERITAGE FUND
SPLORTAN H.Q. (HOME-WORLD #001)
THE FORMER POWER-VACUUM REPUBLICS OF PLOOF
1
THE DE-MILITARISED ERROGENOUS ZONE OF FLARGE
PLANET BLERG
PLANET FUNGOBUNGO
THE NOT AT ALL ORGANISED TREATY ALLIANCE
PLANET JUST ROGER
NAAOTA H.Q. (PROBABLE)
THE INCREASINGLY IRONIC UNION OF ISOLATIONISTS H.Q.

################### ##################
######ÜBERSETZUNGSHINWEIS######
################### ##################

Das beigefügte Informationsmaterial wurde von Q-Mail (quantenverschränkte Nachrichten – wie E-Mail, nur deutlich unmittelbarer) in die peinlichen Schnörkel, Zeichen und Symbole der Erdsprache transkodiert und in den kulturellen Bezugsrahmen Ihres Planeten übersetzt, soweit es uns unser limitiertes Verständnis von Ihrer primitiven Kultur gestattete. Darüber hinaus wurde es so bearbeitet, dass es Ihre Sicherheit und geistige Gesundheit nicht gefährdet.

Splortanische Wörter und Begrifflichkeiten wurden so gut es ging durch Ihnen vertraute, weniger intelligente minderwertige Erdvarianten ersetzt. Das mag sich an manchen Stellen etwas bemüht anhören, da die Formulierungen in dem Versuch, die Komplexität zu reduzieren, viel von ihrer ursprünglichen Poesie, Größe und Vieldeutigkeit eingebüßt haben. Nehmen Sie es bitte gelassen. Wenn es Ihnen dennoch amüsant erscheinen sollte, führen Sie sich einmal vor Augen, wie viele galaktische Sprachen Sie fließend beherrschen.

Wenn irgendetwas für Sie keinen Sinn ergeben sollte, machen Sie sich keine Sorgen. Es handelt sich mit größter Wahrscheinlichkeit nicht um einen Übersetzungsfehler oder überhaupt einen Fehler – leider ist der Verständnishorizont eines Wesens, das von Weltraumaffen abstammt, begrenzt, bedingt durch die evolutionäre Intelligenzschwelle, die nötig ist, um nach einer Banane zu greifen und das Rad zu erfinden. Versuchen Sie einfach, dem Text so gut es geht zu folgen.

THE UNITED EMPIRE

UNITED EMPIRES OF SPLORTA
SCOUTING UNIT

THE INTERGALACTIC OUTREACH
AND PLANETARY ENSLAVEMENT DEPARTMENT

FILE: LT. ZINFLUU

REPORT: 001

TITLE: "M.A.D. WORLD"

**BETREFF: BEWOHNBARER, ROHSTOFFREICHER PLANET IN LÄNDLICHEM RAUM GEFUNDEN; ALLERDINGS MIT LÄSTIGER 0.7/0.8-ZIVILISATION VOR ORT**

| | |
|---|---|
| Berichtszeitpunkt: | 14,7 Milliarden Jahre (Ortszeit) |
| Sicherheitsstufe: | Streng geheim |
| Beschränkungen: | – nicht bekannt – |
| Auftrag: | – nicht bekannt – |
| Besonderheiten: | Wasser \| Sauerstoff \| Magnetismus \| Leben \| Nuklear |
| Standort: | Mondbasis #9813693321 |
| Tätigkeiten am: Standort: | Beobachten \| Evaluieren \| Beurteilen \| Genießen |
| Von: | Leutnant Zinfluu Aufklärungsabteilung |
| An: | Amt für intergalaktische Eroberung und planetarische Versklavung |
| Stern (örtlich): | Sol/„Sonne“ |
| Stern/Welt-Durchmesser: | 109/1 |
| Name des Planeten (örtlich): | Planet Erde/„Erde“ |
| Anzahl Monde: | ~ 1 (Schätzwert) |
| Örtliche Regierung: | – nicht bekannt – |
| Abkommen: | – nicht vorhanden – |

| | |
|---|---|
| Dominante Art: | Bakterie |
| „Dominante Art“ (selbsternannt): | Homo sapiens |
| Art der Mission: | Einmischung |
| Dokumentationsstatus: | – nicht verfügbar – |
| Stichwörter: | Galaktischer Prüfbericht<br>„Milchstraße“<br>Laniakea-Superhaufen |

## ZUSAMMENFASSUNG

Kleiner blauer Planet mit beachtlichem Weltraum-Schimmel-Vorkommen (örtliche Bezeichnung: „Leben“) gesichtet. Der Großteil dieses Lebens ist dumm, primitiv und essbar. Eine bemerkenswerte Lebensform (ZUSAMMENSETZUNG: WASSER, KOHLENSTOFF, FLEISCH UND HAARSCHNITT) hat sich jedoch zu einer unterhaltsamen 0.7-0.8-Zivilisation entwickelt, die zwar in der Lage ist, gemeinsam mehr als 18 Terawatt Energie zu nutzen, es jedoch nicht fertigbringt, einen fehlerfrei funktionierenden Drucker für den Privatgebrauch zu konstruieren. Die feuchte und grüne Welt ist unmittelbar bewohnbar und reich an Rohstoffen – es gibt Brennmaterial, Metall, eine lustige Frucht namens Ananas und sogar einen kleinen Mond, der zum Vergnügen besucht werden kann.

Allerdings führt die Existenz dieser heranwachsenden Zivilisation (der „Menschen“) zu essentiellen strategischen Problemen in den Bereichen Eroberung, Kolonialisierung und planetarischer Wiederverwertung. Um es auf den Punkt zu bringen: Sie sind vollkommen irre. In dem nun folgenden Bericht werden die Bedenken dargelegt und erläutert.

LT ZINFLUU
ENDE DER ZUSAMMENFASSUNG

WORLDS FACTBOOK

Status: Gesendet ...

*The Worlds Factbook* Eintrag ...
„Planet Erde"

[Koordinaten: 179° 56' 39.4", +0° 2' 46.2, 7940 ± 420 Parsec]

**Auf einen Blick:**

**Alter des Planeten**: 4543 Milliarden Jahre
**Oberfläche**: 510,1 Millionen Quadratkilometer
**Umdrehungsgeschwindigkeit**: 1600 Kilometer pro „Stunde"
**Sternentfernung**: 149,6 Millionen Kilometer
**Merkmale**: teils feucht, teils trocken
**Klimatische Gegebenheiten**: INSGESAMT GEMÄSSIGT (UNTER ANDEREM ZU HEISS, ZU KALT UND GENAU RICHTIG)

---

**ANHANG:**

**ERDE_VOM_MOND_AUS.JPG**

ERDE_VON_MOND_AUS.JPG

**AN:** XARGE (318)
**VON:** ZINFLUU (315)
**BETREFF:** WIR/SIE

Ich grüße Sie, Kommandant Xarge,

möge ein tausendfaches Kitzeln Ihren Stamm erfreuen.

Nun bin ich schon seit einer gefühlten Ewigkeit auf dem Mond einer vielversprechenden Welt stationiert, die sich in der bewohnbaren Region eines mittelalten gelben Zwerges befindet. Langweilig ist gar kein Ausdruck: Es gibt hier absolut nichts zu tun, wenn einen der Anblick von Staub, Kratern, einer besonders knalligen Fahne an einem Stock und das Herumlaufen in einer Gangart, die als *absurd federnd* bezeichnet werden kann, nicht gerade zu kreativen Höchstleistungen inspiriert. Noch schlimmer ist allerdings, dass die Tage hier achtundzwanzig Mal länger sind als bei uns! Können Sie sich das vorstellen? Schon drei Wochen vergangen und immer noch nicht Zeit fürs Abendessen.

Einzig und allein die spektakuläre Aussicht von einer Seite des Mondes aus, der vor Ort als „Mond" bekannt ist (sehr kreativ!), versöhnt mich. Von dort aus ist der blaugrüne Planet zu sehen, den der Mond umkreist (die „Erde"). Er wird überwiegend von einer lustigen und merkwürdigen Alienart („Menschen") bewohnt, die ich fasziniert beobachte. Insbesondere, da sie sich an einem entscheidenden „Tun sie's oder tun sie's nicht"-Wendepunkt in der Geschichte ihres Sonnensystems befindet. Kurioserweise sind die Menschen gleichzeitig entwickelt und primitiv genug, um sich selbst zu zerstören – was ihnen aus Versehen auch immer wieder fast passiert.

Die Menschen unterteilen sich den Menschen zufolge in verschiedene Arten von Menschen, auch wenn das eigentlich gar nicht stimmt. Das führt zu ziemlich lustigen Ergebnissen: Eine typische „wir/sie"-Phase des Erwachsenwerdens eben – nur mit Atomwaffen. Ein fesselndes Schauspiel!

Doch leider erschweren uns diese ungewöhnlichen Gegebenheiten strategisch gesehen die Invasion, Übernahme, Kolonialisierung und die mögliche Splortanisierung. Normalerweise ist es überhaupt kein Problem, einen Planeten dieser Größe einzunehmen – man suche den Alien mit der prächtigsten Kopfbedeckung, haue ihm eins über den Schädel und nehme seinen Thron ein –, doch die Erde ist… nun ja, anders. Oder genauer gesagt: wahnsinnig.

Ich werde versuchen zu erklären, warum das so ist, doch dafür sollten Sie den Vorstellungsmodus Ihres neuronalen Netzes auf „skurril“ schalten. Fertig? Los geht's.

Auch wenn es auf dem Planeten eigentlich nur einige wenige verbundene, trockene, grüne Areale gibt, scheint der Großteil der „Menschen“ auf diesen wenigen verbundenen, trockenen, grünen Arealen zu der faszinierenden Schlussfolgerung gekommen zu sein, sie bestünden aus ungefähr zwei- bis dreihundert völlig verschiedenen und voneinander getrennten trockenen, grünen Arealen, die „Länder“, „Territorien“ und „Kolonien“ genannt werden. Deren genaue Anzahl wird offenbar weltweit und einstimmig jeweils von der Person entschieden, die zuletzt Wikipedia aktualisiert hat. (Siehe auch: **Wikipedia.zip**)

(Unglaublich, dass ich das bekommen konnte! Es enthält den gesamten Wissensstand des Planeten und, ich wage es kaum zu sagen, *war noch nicht einmal verschlüsselt!* Jeder, der auf das WLAN des Planeten zugreifen kann, ist in der Lage, es zu hacken und zu infiltrieren. Das ist Wahnsinn.)

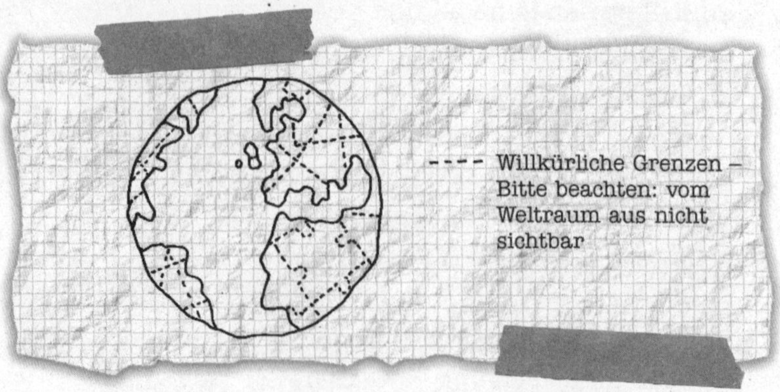


Stellen Sie sich einmal Folgendes vor: Ein Mensch wird irgendwo auf der Erde an einem Ort mit bestimmten Längen- und Breitengraden geboren. Da die Erde jedoch in diese vielen kleinen unsichtbaren Gebiete unterteilt ist, macht ihn das zum Mitglied einer bestimmten „Menschenart“. Alle Menschen derselben Art müssen Abgaben an ihre jeweiligen Regierungen entrichten, und diese heuern sie dann wiederum mit diesem Geld als Soldaten an, um die Menschen innerhalb der selbstgesteckten Grenzen gegen diejenigen außerhalb der selbstgesteckten Grenzen zu verteidigen. Die anderen Menschenarten wiederum zahlen an ihre Regierungen ebenfalls Abgaben, um sich dann als Soldaten anheuern zu lassen, damit sie sich gegen diejenigen verteidigen können, die sich gegen sie verteidigen. Ach ja, und jede Art hat ihr eigenes Lied.

Menschen können sich nicht aussuchen, wo auf der Erde sie geboren werden. Sie werden zufällig durch eine blutige Zurschaustellung der anatomischen Gegebenheiten dieser Primaten aus der Reproduktionsklappe des Weibchens entlassen, während das Männchen herumsteht, lächerlich wirkt und versucht, nicht aufgrund der Last seiner eigenen Nutzlosigkeit das Bewusstsein zu verlieren.

Trotz dieser geographischen Zufälligkeit sind Menschen von ihrem Geburtsort völlig besessen. Sie rennen umher und erklären sich gegenseitig, wie stolz sie darauf sind, aus Platzland, Platzistan oder den Vereinigten Plätzen von Platzonien zu stammen. Es ist merkwürdig und faszinierend zugleich.

Am seltsamsten ist jedoch, dass sie – obwohl sie so stolz auf ihren Geburtsort sind – ohne ersichtlichen Grund ein paar Mal pro Jahrhundert alle Grenzen neu bestimmen. Das scheinen sie für einen angemessenen Zeitvertreib zu halten, um ihre Lebensspanne (0 bis 100 lokale Sternumdrehungen) herumzukriegen.

Das Problem für unsere Intergalaktische Aufklärungsabteilung besteht jedoch darin, dass dieses theatralische System formalisierter Streitereien mit einem seltsamen, noch nie dagewesenen Nebeneffekt einhergeht: Die Erde richtet ihr theoretisch wirklich beachtliches nukleares

Waffenarsenal (mehr als 15.000 Raketen) erstaunlicherweise nur gegen sich selbst.

Ich wiederhole:

Die Menschen scheinen nicht nur bewusst unvorbereitet zu sein, was extraplanetarische Angriffe betrifft, sondern haben praktisch DIE GESAMTEN WAFFEN DES PLANETEN – SOGAR DIE BESTEN – AUSNAHMSLOS AUF DEN PLANETEN SELBST GERICHTET.

Ich habe das planetarische Profil angehängt, glaube aber, dass wir sehr genau überlegen sollten, wie wir weiter vorgehen. Wir dürfen nichts überstürzen.

---

**ANHANG:**

**Wikipedia.zip (25 TB)**

**Erde_PlanetarischesProfil.pdf**

**Erde_PlanetarischesProfil.pdf**

| |
|---|
| **AMT FÜR INTERGALAKTISCHE EROBERUNG UND PLANETARISCHE VERSKLAVUNG**<br><br>FORMULAR BEWOHNBARER PLANET 26.8b<br>Seite EINS<br><br>Bitte füllen Sie das Formular SORGFÄLTIG aus. (Das sollte nicht länger als fünf Minuten dauern, erspart uns aber eine Menge Zeit und Kosten, die durch die Eroberung der falschen Planeten entstehen. Gezeichnet KOMMANDANT) |
| CHECKLISTE |

| | |
|---|---|
| STERNENT-FERNUNG |  |
| STRAHLENSCHUTZ | 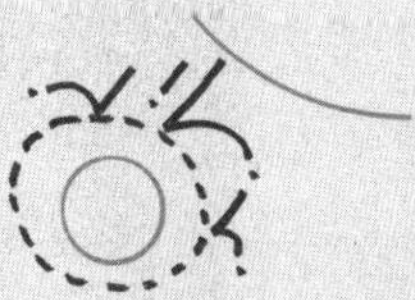 |
| UMLAUFBAHN STABILISIERUNG |  |

## Erde_PlanetarischesProfil.pdf

| | |
|---|---|
| ATMOSPHÄRISCHE ZUSAMMENSETZUNG | 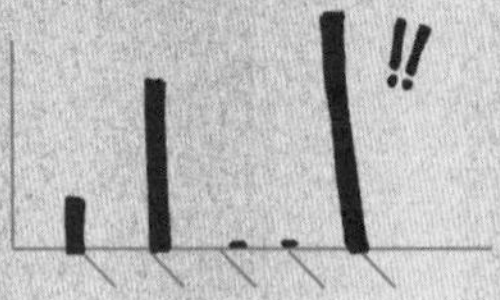 |
| GRÖSSE DES PLANETEN |  |
| UMGEBUNG | 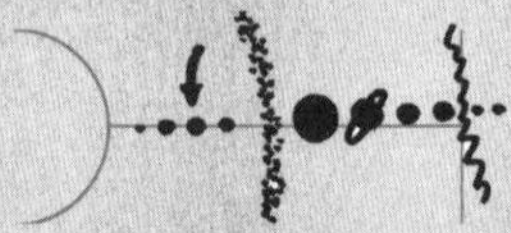 |
| MAGNETOSPHÄRE |  |
| WELTRAUMAMEISEN-BEFALL? |  |

BEWOHNT? JA/~~NEIN~~

Falls ja, bitte nachstehende Felder ausfüllen.

**DOMINANTE LEBENSFORM**: Bakterie („Keime")
**BEVÖLKERUNG**: 5 Quintillionen
**DOMINANTE „INTELLIGENZ"**: Homo sapiens („Mensch")
**BEVÖLKERUNG**: 7,49 Milliarden

**Erde_PlanetarischesProfil.pdf**

ANMERKUNGEN ZU BEWOHNBARKEIT UND BESTÄNDIGKEIT — TEIL ZWEI

Als potenzielle Gastwelt ist die Erde ein echter Glücksfall. Sie nur als bewohnbare Zone zu bezeichnen, wäre mehr als tiefgestapelt – sie ist der Inbegriff von Bewohnbarkeit! Ihre Entfernung zum nächsten Stern („Sonne“) ist optimal. Klar, wenn man herumtrödelt, schmilzt das Eis in der Waffel, und nachts muss man sich Socken anziehen. Aber dafür verbrennt man sich im Freien auch nicht das Gesicht. Ein durchaus akzeptabler Kompromiss.

Zu dem beruhigenden Umstand, dass die Erde weder von Eis noch von Flammen bedeckt ist, kommt noch hinzu, dass sie über eine dünne Oberfläche aus „Boden“ (Sand, Gras, Pflanzen) verfügt und für kosmische Verhältnisse geradezu als heimelig beschrieben werden kann. Sie ist nicht nur mit einem gigantischen Tages-Heizstrahler (sternbasiert), sondern zugleich mit einer vorinstallierten Fußbodenheizung (magmabasiert) ausgestattet. Das Leben dort muss sich anfühlen wie eine warme, liebevolle Umarmung zweier bedrohlicher Eltern. Und sehen Sie sich doch bloß mal diese Sonne an. Wirklich, gucken Sie hin. Sie hat sicher noch ein paar Milliarden Jahre fantastisches Sonnenlicht übrig, mindestens.

Außerdem ist die Erde mit weiteren, erstklassigen lebenserhaltenden Merkmalen ausgestattet. Größe, Geschwindigkeit und Neigungswinkel stimmen, so dass sich die Jahreszeiten in sinnvollen Abständen abwechseln und dabei die Pflanzen nicht verwirrt werden. Dezente und vernünftige Mengen an Schwerkraft ermöglichen vieles, vom Städtebau bis hin zu Ballspielen. Zu den Sicherheitsmechanismen der Erde gehören ein eingebautes Sprinkler-System für Waldbrände, Gezeiten, um die Strände sauber zu halten, und kühlende Winde, die die Luft von einer andernfalls dicken und dauerhaften Decke aus Kuhfürzen befreien. Der Planet verfügt sogar über einen die Umlaufbahn stabilisierenden Mond, Luftdruck, ein Magnetfeld, Plattentektonik und ausreichend Wasservorkommen, um ihm aus der Ferne einen hübschen blauen Anstrich zu verleihen.

Insgesamt würde ich dem Planeten Erde 9 von 10 möglichen Punkten geben (Bewertung: „besonders lebenswert“).

**AN:** ZINFLUU (315)
**VON:** XARGE (318)
**BETREFF:** VORSICHT, FALLE!

Ich bin angesichts Ihres Berichts fasziniert, verwirrt, verängstigt und neugierig zugleich. In der Tat ein seltsamer und verstörender Planet. Eine gute Entdeckung.

Aber Sie wollen mir scheinbar mitteilen, dass es mir, Ihrem rechtmäßigen Vorgesetzten – und uns, der Intergalaktischen Aufklärungsabteilung der Vereinigten Reiche von Splorta –, nicht möglich sein soll, die Erde einzunehmen, weil sie sich selbst als Geisel hält? So ein Unsinn! Diese Bedenken können wir getrost vergessen.

Sie müssen noch viel lernen, Leutnant Zinfluu. Vielleicht sogar mehr als möglich ist, da Sie als mein Protegé natürlich mit meiner geradezu undurchschaubaren Genialität konfrontiert sind.

In Bezug auf diese *einzigartige* Verteidigungsstrategie, wie Sie sie beschreiben, kann ich Sie beruhigen, so etwas habe ich schon tausendmal zuvor gesehen. Sicher hat Ihr um drei Punkte niedrigerer Intellekt Sie mal wieder im Stich gelassen, da Sie noch nicht einmal in der Lage zu sein scheinen, die einfachsten Informationen aus dem INTERGALAKTISCHEN INVASIONS-HANDBUCH und dem WELTRAUMKRIEG FÜR ANFÄNGER zu verarbeiten. Wären Sie nicht so hoffnungslos durch Ihren minderwertigeren Intellekt eingeschränkt, hätte Ihnen sofort auffallen müssen, dass dieser sogenannte „Planet", den Sie entdeckt haben, eine Variante der klassischen „Taktik der verbrannten Erde" gewählt hat. Keine Sorge, ich werde es Ihnen so erklären, dass selbst Sie es verstehen: Bei der „Taktik der verbrannten Erde" zerstört eine Alien-Zivilisation bei der Flucht auf ihre anderen, sicheren Planeten alles, was für einfallende Feinde wie uns von Interesse sein könnte.

Es ist mir aufgrund meines auserlesenen, um drei Einheiten überlegenen Intellekts natürlich möglich, Ihre Verwirrung nachzuvollziehen. Sie finden es verwunderlich, dass diese kuscheligen Zweibeiner einen so selten wundervollen, praktischen und lebensfreundlichen Planeten in einem nuklearen Spektakel opfern wollen? Ich weiß, was Sie denken: Ein guter Fund, dieses kleine feine, rotierende Stückchen Gestein, das durch die grenzenlose Leere braust, dauerhaft um einen Stern kreist und von einer hauchdünnen, Leben ermöglichenden Schicht umgeben ist

UND dazu noch diese Frucht namens Ananas besitzt ... den jagen die doch auf keinen Fall in die Luft!

Wie naiv von Ihnen, aber durchaus verständlich: Ein leicht zu begehender Fehler ... zumindest für Idioten. Merken Sie was, Zinfluu? Dieser von Ihnen entdeckte Planet ist offensichtlich ein Lockvogel! Eine Falle, eine getarnte Bombe, die sicher erst gezündet wird, wenn die Bewohner sich längst in Sicherheit gebracht haben. Diese Weltraumaffen haben es doch offensichtlich darauf abgesehen, dass wir ihren falschen Planeten finden ... vermutlich damit Hohlköpfe wie Sie die Imperiale Invasionsflotte darauf ansetzen. Sobald diese dann auf der Oberfläche des Planeten gelandet ist ... Bumm!

Ha, ha, ha, guter Versuch, Weltraumaffen! Aber um mich so reinzulegen, müsst ihr wirklich früher aufstehen! Ganz offensichtlich ist dieser hier nur *einer* ihrer Planeten, Leutnant Zinfluu, und ich werde die restlichen finden, wo auch immer sie sie versteckt halten. Und wenn dieses hübsche Weltraum-Juwel genannt „Erde“ nur der Anfang ist, ja sogar der Planet, den sie zu opfern bereit sind, wartet JEDE MENGE RUHM auf mich, sobald unser Super-Imperium die besten ihrer Planeten eingenommen hat. Damit meine ich beeindruckenden, absoluten, das gesamte Imperium umfassenden, niemals endenden Flogon-1000-mäßigen Ruhm! GANZ FÜR MICH ALLEINE!

Ich nehme an, dass selbst Sie, Zinfluu, bereits von Trorxex dem Pedantischen, Zerstörer aller Welten, gehört haben? Ganz genau, ich meine den bekanntesten, fähigsten und ausnahmslos mürrischsten Planetenjäger des gesamten splortanischen Militärs ... dreimal dürfen Sie raten, wer ihn und seine Imperialen Invasionsflotte gerade in Ihre Richtung losgeschickt hat! Volltreffer: Ich war es. Ich, ich und noch mal Ich. Er gehört sicher nicht zu meinen größten Bewunderern seit den „Vorfällen" – Sie wissen schon, was ich meine. Aber jetzt ist endlich meine große Chance gekommen, alles wiedergutzumachen. Ich muss diesen sicheren Erfolg einfach für mich verbuchen. Es ist wahrlich an der Zeit, nicht mehr auf Trorxex' Abschussliste zu stehen!

Leutnant, ich habe also die Imperiale Invasionsflotte angefordert, die je nach Verkehrslage in drei bis sechs relativen Zeiteinheiten in Ihrer Nachbarschaft eintreffen wird. Das wird großartig! Stellen Sie sich bloß einmal vor, welche fantastischen Planeten wir in dieser Region noch entdecken können, wenn wir unseren Angriff erst mal gestartet haben!

Beginnen Sie ruhig schon damit, mögliche Fluchtrouten zu versperren und BEREITEN

SIE EINEN UMFASSENDEN ORBITALEN EROBERUNGSPLAN VOR. Außerdem brauche ich sofort einen vollständigen BERICHT über die MILITÄRISCHEN TECHNOLOGIEN DER ERDE. Mit welchen Arten von Widerstand könnte Trorxex rechnen, wenn sie bemerken sollten, dass wir auf ihre naive Falle, diesen getarnten explosiven Planeten nicht hereinfallen? Den Schleim der Geduld hochwürgend erwarte ich Ihre Antwort.

**AN:** XARGE (318)
**VON:** ZINFLUU (315)
**BETREFF:** MAD

Ich grüße Sie, Kommandant Xarge,

mögen sich beruhigende Erklärungen für die ansonsten beunruhigende Wärme im kosmischen Schoß der Weltraumzeit finden.

Hm, das ist mir jetzt ein bisschen unangenehm, aber ich war noch gar nicht bei dem wirklich merkwürdigen Teil angekommen. Das unvergleichlich Verrückte an der Verteidigungsstrategie der Menschen ist, dass es offenbar *keinen Rückzugsort* gibt. Auf „dem“ Mond haben sie nichts als wertlosen Plunder zurückgelassen, und sie verfügen nur über ein paar hundert U-Boote, eine Raumstation und wie gesagt – es ist kaum zu glauben – keinen einzigen Ausweichplaneten.

*Nicht einen einzigen!*

Es ist entweder das mutigste, dümmste oder aber raffinierteste Verteidigungssystem, das mir je begegnet ist. Ich kann den Blick kaum davon abwenden. So etwas findet sich in keinem der intergalaktischen Invasionshandbücher, noch nicht einmal in DIE BASISSTRATEGIEN: WAS JEDES SUPER-IMPERIUM WISSEN MUSS, BAND 1-6. Anstatt sich für eine konventionelle Planeten-Verteidigungsstrategie (wie etwa Strahlenwaffen, Mondlaser oder Verstecken) zu entscheiden, haben die Erdlinge ihre Welt mit einem dezentralisierten Selbstzerstörungssystem ausgestattet. Nicht nur der Planet selbst ist vermint, sondern die gesamte Zivilisation dort.

In Bezug auf das militärische Potenzial habe ich eigentlich schon alles Wichtige genannt: Ja, sie haben ein paar fliegende, schwimmende und fahrbare Waffen, aber der Großteil dieser Ausrüstung ist schwerkraftgebunden. Doch das ist noch nicht das Verrückte daran – alle diese Waffensysteme werden von den *Menschen selbst* bedient. (Ich weiß!) Die furchteinflößende Fleischarmee der Erde ist momentan auf ungefähr 27 Millionen Menschen beschränkt (dabei gibt es 200–300 leichte Uniformvariationen), die meisten davon mit lächerlichen, externen Fortpflanzungsapparaten („Schwänzen“).

In „besonderen Notlagen“ können Anführer-Menschen jedoch eigentlich so ziemlich jeden Bewohner des Planeten in ihre Truppe einladen, dafür braucht es nur ein erstaunlich effizientes

Verfahren, das sich „Wehrpflicht“ nennt. Dieses System („Was wäre Ihnen lieber ... Krieg oder Gefängnis?“) ermöglicht den Anführer-Menschen, das menschliche Schutzschild zwischen ihnen und den Konsequenzen ihrer Entscheidungen zu verstärken.

Wenn die vor Selbstüberschätzung und Selbstbeweihräucherung triefenden Science-Fiction-Versuche der Erde auf irgendetwas schließen lassen (siehe auch: **SciFi_Referenzliste.pdf**), dann vielleicht darauf, dass die Vereinigten Reiche Splortas im Falle eines Angriffs mit einer bisher beispiellosen Kräftemobilisierung rechnen müssten. Man hätte es wohl mit überwiegend verstörten Leuten zu tun, die Dinge schwenken, die entfernt an Waffen erinnern. Stellen Sie sich das folgende Szenario vor: leidenschaftliche Reden ... mitreißende Dichtkunst ... steinalte und verbitterte terrestrische Missgunst, die zum ersten Mal in der Geschichte des gesamten Planeten vergessen ist ... eine Spezies vereint, ein für alle Mal, um ihre Heimaterde zu verteidigen ... wow. Es wäre peinlich, das mitanzusehen. Und unfassbar, wenn sie wirklich mit ihrer seltsamen Fleischarmee(!) einem Angriff aus dem All trotzen wollten. *Unangenehm*e Vorstellung.

Während Wehrpflichtarmeen tatsächlich zu den am besten aufgestellten und ausgebildeten

Militäreinheiten des Universums gehören (die Soldaten können backen, nähen, Autos reparieren, Steuern berechnen, Klempnerarbeiten ausführen, Haare schneiden, Mathe unterrichten, Kartoffeln anpflanzen und noch vieles mehr), sind sie alles andere als erfahren, wenn es um knifflige Aspekte moderner kosmischer Kriegsführung geht (Verflüssigungswaffen, Mondsprengungen, atmosphärische Belagerungen). Und tatsächlich haben die Fleischarmeen der Erde aus genau diesem Grund keine Schlachten mehr ausgefochten, seit der Planet ins nukleare Zeitalter eingetreten ist: Dieses im Notfall einberufene, nur ungenügend trainierte Grüppchen bestehend aus Gabelstaplerfahrern und Blumenhändlern kann gegen eine Wasserstoffbombe eben nicht viel ausrichten.

Wie bereits gesagt, ist das einzig überzeugende planetarische Verteidigungssystem der Erde das Arsenal aus rund 15.000 Atomwaffen, die momentan alle auf den Planeten selbst gerichtet sind. Die Menschen scheinen keinen Plan B zu haben. Ich habe nach anderen menschlichen Vorposten Ausschau gehalten, doch es herrscht Funkstille 200 Lichtjahre in alle Richtungen. Wenn sie die Erde nicht für sich haben können, sind sie gewillt, „zusammen mit dem sinkenden Schiff unterzugehen" ... und uns, sich selbst, ihre Zivilisation, ihre Haustiere, ihre Ananas, ihre mp3-Sammlungen und alles andere mit sich zu nehmen.

Das kann man wohl nur als mutig bezeichnen.

Sie werden mir sicher zustimmen, Kommandant, dass es bedeutend schwieriger ist, einen Feind einzuschüchtern, der geradezu erpicht darauf zu sein scheint, sich selbst etwas anzutun. Wir können die Erde also unmöglich mit Gewalt einnehmen – falls ich nicht zufällig ein Memo verpasst habe, in dem knusprige, bestrahlte, unbrauchbare Biosphären neuerdings als wertvoll für ein Super-Imperium eingestuft werden.

Ich würde deshalb gezwungenermaßen vorschlagen, dass wir uns langsam zurückziehen und die Menschen in ihrem eigenen Saft schmoren lassen, bis sie sich irgendwann zwangsläufig selbst zerstören. (Vielleicht können wir vom Mond aus darüber einen Dokumentarfilm drehen?)

Kann die Imperiale Invasionsflotte denn noch zurückbeordert werden?

P.S.
Da wir die Erde nicht einnehmen können, würde ich vorschlagen, dass ich hierbleibe und sie weiterhin diskret observiere. Ihre Zivilisation vermittelt zum jetzigen Zeitpunkt ein spannendes „Alles oder nichts“-Gefühl und ich würde nur

zu gerne mitbekommen, wie es mit ihr weitergeht. Es könnte ein richtiges Popcorn-Jahrhundert werden.
P.P.S. Bitte machen Sie sich auch mit den auf der Erde gebräuchlichen Weltraumkrieg-Referenzen und -Begriffen bekannt, die Sie in folgendem Anhang finden.

---

**ANHANG:**

**SciFi_Referenzliste.pdf**

**AN:** ZINFLUU (315)
**VON:** XARGE (318)
**BETREFF:** BRING MICH ZU IHREM ANFÜHRER

Ich habe Ihren Bericht mit Empörung und dem sich daraus ergebenden Unbehagen in der Achselgegend empfangen.

Sie zurückbeordern? ZURÜCKBEORDERN?

Haben Sie überhaupt eine Ahnung, wie gefährlich es ist, eine Imperiale Invasionsflotte loszuschicken – und vor allem wie viel Aufmerksamkeit sie erregt? JEDER SPLORTANER WEISS DAS! Was glauben Sie eigentlich, warum ich die Flotte überhaupt so schnell beordert habe? ES GEHT HIER NATÜRLICH UM RUHM! Man sollte sich heute und heutzutage, in diesem Raum und diesen Zeiten, auf gar keinen Fall damit aufhalten, zu planen, sich zu gedulden, zu recherchieren oder den Dingen erst auf den Grund zu gehen. Sobald ein bewohnbarer Planet entdeckt wird, muss es heißen: Sofort einnehmen! Sonst kommt einem noch jemand anders zuvor und heimst den gesamten RUHM ein. *MEINEN* RUHM!

Aaahhh! Was für ein Albtraum! Der Start der Intergalaktischen Invasionsflotte war ein Ereignis, das über das gesamte Interne Kommunikationssystem ausgestrahlt wurde. Wenn man die vielen nuklearen Kriegsschiffe und den damit verbundenen Alarm und die Kollateralschäden bedenkt, die jeder Splortaner in einem Radius von hundert Meilen um die Abschussstelle erleidet, ist das verständlich.

Natürlich kann ich die Imperiale Invasionsflotte nicht zurückbeordern! Damit würde ich mich vollkommen lächerlich machen. Es ist heute nicht mehr wie in den guten alten Zeiten, als noch jeder Start einer Flotte per se als ruhmreich betrachtet wurde. Heutzutage bei dem ganzen Cosmic-Relations-Quatsch geht es einzig und alleine um Kollateralschäden.

Wenn ein Kommandant Splortas eine Imperiale Invasionsflotte aussendet, erwarten die Splortaner Ergebnisse!

Verdammt noch mal, Zinfluu, das ist alles Ihre Schuld. Wir werden eine Reihe guter Splortaner verlieren, da Sie aufgrund Ihrer geringen Intelligenz nicht haben einschätzen können, wie ich Ihren lückenhaften Bericht interpretieren würde.

Und jetzt erwarten Sie tatsächlich von mir, dass ich die Intergalaktische Invasionsflotte einfach umdrehen und wieder zurück auf splortanischem Boden landen lasse, wodurch eine weitere immense, tödliche und unnötige Landeexplosion ausgelöst würde? Wie stellen Sie sich das bloß vor? Und was kommt danach? Soll ich Trorxex vielleicht erklären, alles sei nur ein „Fehlalarm" gewesen? Das kommt auf keinen Fall schon wieder in Frage, niemals, niemals, nie! Und auf gar keinen Fall werde ich ihm erzählen, dass ich ihn und den besten Militärapparat dieses Teils der Galaxie darauf angesetzt habe, es mit *einer verdammten Fleischarmee* aufzunehmen ... Ich kann mir durchaus vorstellen, dass Trorxex der Pedantische, Zerstörer aller Welten das für *ein bisschen* übertrieben halten könnte ... Er wäre verflucht noch mal außer sich! Sie wissen doch, wie sehr er nukleare Angriffe hasst, sie bereiten ihm Magenprobleme.

Ich stehe ohnehin schon auf äußerst dünnem Eis. NATÜRLICH KANN ICH DIE FLOTTE AUF KEINEN FALL EINFACH ZURÜCKBEORDERN. TRORXEX IST MIR UM SIEBEN PUNKTE ÜBERLEGEN, ER MACHT BREI AUS MIR.

Und was um Splortas Willen spornt Sie dazu an, auf diesem hirnverlassenen Sternensystem verweilen zu wollen? Darf ich raten? Sie haben endlich den einzigen Platz in der Galaxie gefunden, auf dem Sie nicht die dümmste Lebensform in hundert Lichtjahren in jede Richtung sind.

Sie wollen wohl den Kommandanten der Weltraumaffen geben?

Ich sage Ihnen eins: Sie werden es niemals zum Kommandanten von irgendetwas bringen! Sie sind so was von mittelmäßig!

Sie haben mich in diese Lage gebracht, Leutnant, und jetzt ist es auch Ihre Pflicht, mich da wieder rauszuholen. Wir müssen diesen Planeten irgendwie neutralisieren. Sprechen Sie mit dem für die Erde verantwortlichen Computer. Bieten Sie ihm etwas an – mehr Rechenleistung zum Beispiel. Oder wie wäre es mit der Möglichkeit, sich selbst auf unsere deutlich höherwertigen Festplatten zu kopieren … im Austausch dafür soll er dann die Atomwaffen des Planeten deaktivieren, bevor die Invasionsflotte ankommt. Wenn der verantwortliche Computer der Erde die Waffen des Planeten rechtzeitig außer Kraft setzt, könnten wir ihm im Gegenzug ein sehr gutes Leben anbieten. Die Weltraumaffen sind in jedem Fall verloren, sobald unsere Flotte dort eintrifft – es könnte also gut sein, dass er das sinkende Schiff noch schnell rechtzeitig verlassen möchte, oder? Es gibt schließlich auch überhaupt keinen Grund dafür, einen armen, unschuldigen Computer leiden zu lassen, nur weil wir alles Leben auf der Erde zerstören müssen.

**AN:** XARGE (318)
**VON:** ZINFLUU (315)
**BETREFF:** PERSONALWESEN

Ich grüße Sie, Kommandant Xarge,

möge ein geschätztes Geräusch Ihren Lieblingsnachbarn von seinem unangenehmen Schläfchen aufwecken.

Nun ja, Sir, das ist eine weitere seltsame Sache mit der Erde. Es ist äußerst merkwürdig für eine Spezies wie die Menschen, die ja immerhin offenbar Computer erfunden hat, dass sie selbst immer noch ausschließlich von *Menschen* regiert wird. Sie haben keine und hatten nie eine Form von künstlicher Intelligenz an ihrer Spitze ... Immer nur Menschen. Ich weiß! Auch ich war fassungslos, als ich es herausgefunden habe.

Es ist einzigartig und faszinierend, welch geringen Stellenwert Technologien im Leben der Menschen haben. Ihre „Zivilisation" baut allein auf genau einer einzigen und hochriskanten Strategie auf: Menschen sagen Menschen, was sie tun sollen, basierend auf dem, was andere Menschen diesen Menschen gesagt haben, und so weiter … Befehle, Befehle, Befehle, Fleisch, Fleisch, Fleisch, bis in die höchsten Ebenen hinauf. Eine anstrengende, alle Arten umfassende Struktur aus Schuld, Verantwortung, Verweigerung von Verantwortung, Arbeit, Verpflichtungen, Gemecker, Geschrei, Regeln, Disziplinierungstreffen und großen Leuten, die kleinen Leuten befehlen, „ins Bett zu gehen". Und dabei gibt es keine rationale Einheit, die dem Ganzen vorsteht und über die notwendige Prozessorleistung verfügt, um nötige Berechnungen anstellen und Entscheidungen zum Wohle des Planeten fällen zu können.

Natürlich herrscht auf dem Planeten absolutes Chaos. Trotzdem haben die Menschen, soweit ich das sehen kann, jedwede Möglichkeit einer vernünftigen Gesellschaft ihrer einzigartigen Strategie geopfert, den Planeten durch auf sich selbst gerichtete Nuklearwaffen abzusichern, sollte es zu einer intergalaktischen Pattsituation kommen.

Das ist ganz offensichtlich eine neuartige Taktik. Die Menschen haben Technologien entwickelt, die in der Lage sind, ganze Planeten zu zerstören (ihren eigenen zumindest), dennoch bleibt die „Technologie", welche das gesamte System antreibt, das immergleiche Stück Fleisch zwischen Ohren, Nacken und Kopfbedeckung. Ein beeindruckendes Zusammenspiel, wenn man bedenkt, dass Eigenschaften wie Arroganz, Sturheit, Unwissenheit und Unvernunft mindestens 100.000 Jahre älter sind als 50-Kilotonnen-Wasserstoff-Sprengköpfe und „Twitter" (ein den gesamten Planeten umfassendes Satzverteilungsspiel, über das vermutlich der Abschuss der Bombe verkündet würde). Dieser Kontrast birgt sicher ein hohes Risiko, macht die Menschen jedoch von einem strategischen Standpunkt aus gesehen gleichzeitig zu einem eindrucksvollen Gegner. Dadurch, dass sie ihre gesamte Verteidigungsstrategie durch das Nadelöhr eines unvernünftigen, emotionalen, clownesken, subjektiven menschlichen Wirrwarrs geschickt haben, sind sie völlig unberechenbar geworden.

Sie nennen diese verrückte Politik MAD – *Mutually Assured Destruction*, wechselseitig zugesicherte Zerstörung – oder auch „Gleichgewicht des Schreckens", und dabei handelt es sich offenbar um eine seltene Form von Kamikazewahnsinn, an dem sie seit einem Jahrhundert über Funkwellen das gesamte Universum teilhaben lassen. Wie ein durchgedrehter Betrunkener, der das Weltall anschreit. Kein Wunder, dass niemand sie besuchen möchte.

Aus weltraumevolutionärer Sicht ist es wirklich faszinierend. Während die natürliche Aus-

lese größtenteils dazu beigetragen hat, das Universum in einen vernunftbasierten Ort zu verwandeln, ist die Erde – in ihrer seltsamen, widerwilligen, selbstgewählten Quarantäne – ein Hort primitiver Kultverehrung und des Sportes. Ein seltenes Überbleibsel geradezu unglaublich veralteter Kuriosität. Vielleicht können wir ja doch etwas von den Menschen lernen?

Der Umgang mit einer sich selbst bedrohenden Spezies verlangt also besonders viel Geduld, Einfallsreichtum und Vorsicht. Mehr noch: Jegliche Destabilisierung unsererseits könnte sich als problematisch erweisen, da die Kontrollmechanismen der nuklearen Waffen auf der Erde technisch so simpel und daher anfällig sind. Ein falscher Schritt und von der Erde bleibt nichts als Kohle übrig.

Die Imperiale Invasionsflotte darf auf keinen Fall unterschätzen, wie EXTREM FRAGIL dieses System ist. Den nachrichtendienstlichen Informationen aus den Wikipedia-Archiven zufolge (auch wenn es sich ziemlich falsch anfühlt, sie „nachrichtendienstliche Informationen“ zu nennen, wenn man doch so leicht auf sie zugreifen kann) gab es auf der Erde bereits zweiunddreißig „Unfälle“, Tendenz steigend. Sechs nukleare Sprengköpfe haben sie bereits verloren. Einer ist tatsächlich einmal von einem Schiffsdeck gerollt (!). Obwohl die Ozeane und der Himmel des Planeten weithin als groß und leer gelten, sind sowohl mit Atomwaffen bestückte U-Boote als auch mit Atomwaffen bestückte Flugzeuge miteinander kollidiert (!). Das lässt darauf schließen, dass die Menschen äußerst nachlässig sind, sonst wären derart absurde Kunststücke nicht möglich.

Und es kommt noch besser: Aufgrund der dezentralisierten, ortsgebundenen und boomerangartigen Verteilung der kaum beachteten apokalyptischen Waffenausstattung der Erde ist der gesamte Planet ständig nervös.

Menschen aus Platzland, Platzistan oder den Vereinigten Plätzen von Platzenburg beispielsweise haben nur wenige Minuten Zeit, um ihre Raketen abzufeuern, wenn sie herausgefunden haben, dass die Menschen aus Platzland, Platzistan oder den Vereinigten Plätzen von Platzenburg ihrerseits Raketen abgefeuert haben. Ansonsten würden ‚ihre' Raketen von ‚deren' Raketen zerstört werden, und keiner der beiden könnte alles mit den eigenen Raketen zerstören, bevor die Raketen des anderen es tun würden.

Klingt das für Sie durchdacht? Wie auch immer, vermutlich ist es eh egal – viel wichtiger ist doch, dass die Menschen es *für durchdacht halten*.

Ich fürchte, es gibt keine einfache Lösung. Jeder falsche Schachzug unsererseits könnte als Schachzug ‚der anderen' wahrgenommen werden und so den entscheidenden 3-bis-7-Minuten-Countdown auslösen, der die Menschen mit den Fingern auf den großen, roten Knöpfen des Planetensteuerungssystems auf den Plan ruft. Sie befinden sich alle in höchster Alarmbereitschaft, *genau jetzt*. Und zudem – falls es Menschen auf der Erde gibt, die informiert, klug und aufgeklärt genug sind, um in drei bis sieben Minuten die wichtigste Entscheidung der gesamten Menschheitsgeschichte zu treffen, kann man davon ausgehen, dass diese im entscheidenden Augenblick mit irgendetwas Anderem, etwas Normalem beschäftigt sind, beispielsweise damit, ein entspannendes Bad zu nehmen. Nein, die Entscheidung würde von arroganten, schläfrigen, verwirrten, von sich selbst überzeugten Typen getroffen werden, die auf einen Hubschrauber aufspringen und gleichzeitig einem Untergebenen mit Aktenmappe zurufen: „*Feuer frei!*“

Meiner Einschätzung nach ist ein Angriff, eine Entwaffnung oder das Einnehmen der Erde innerhalb von drei bis sieben Minuten unmöglich, wenn man nicht riskieren möchte, die Detonationen in Gang zu setzen und die Biosphäre des Planeten sowie die hauchdünne, lebensermöglichende Hülle zu zerstören.

Leider sehe ich keine vertretbaren Möglichkeiten, mit dem Angriff fortzufahren, Sir.

Weltall-Diplomatie ist wohl zum jetzigen Zeitpunkt ebenfalls nicht angebracht. Nicht nur aufgrund der bestehenden übermäßig hohen kulturellen und sprachlichen Barrieren – wir wissen doch alle, wie unerträglich es wäre, ein Gespräch mit einer Spezies führen zu wollen, die uns hartnäckig verehrt und ständig fragen würde, ob sie mal „einen Blick auf das Raumschiff werfen“ dürfe. Sanktionen sind ebenfalls keine Option. Die Erde ist nicht gerade das, was man einen Handelsplaneten nennt, vom kommerziellen Wert der Ananas einmal abgesehen. Die Menschen betreiben keinerlei Bergbau auf Asteroiden und sie importieren keinen einzigen Rohstoff aus dem Weltraum. Ja, sie scheinen noch nicht einmal zu verstehen, dass es hier die meisten Rohstoffe gibt. Die Handelspolitik der Erde ist tatsächlich so unglaublich rückwärtsgerichtet, isoliert und protektionistisch, dass die gesamte Energieproduktion und alle Industrie- und Herstellungsprozesse VOR ORT stattfinden, inmitten der eigenen Atmosphäre.

Es gibt noch eine weitere wahrlich seltsame Laune des Planeten: die Wiederentdeckung und Wiederverwendung von hundert Millionen Jahre alten Rohstoffen. Das gesamte heutige Leben auf der Erdoberfläche kann als ein zweiter Versuch gewertet werden. Der letzte waren „Dinosaurier", die sich heute tief unter der Erde befinden und zu einem uralten Ölmilchshake gepresst wurden, der nun von Strohhalmen aufgesaugt und dann von den Menschen verbrannt wird, um sie reicher und schneller zu machen und ihre Plastikbesessenheit zu ermöglichen. (Kurze Anmerkung: Die Dinosaurier hatten kein Raumfahrtprogramm.) Nur sehr wenige planetarische Lebensformen haben das Glück, auf einer früheren Schicht von planetarischen Lebensformen zu leben, die durch einen Kometen gestorben sind und dann mit beachtlicher Kraft in Hunderte Milliarden Tonnen frei verfügbare, flüssige Energien gepresst wurden. Das hat es den Menschen ermöglicht, sich innerhalb eines Jahrhunderts an den Kosmos anzunähern – von Dampfern und Eisenbahnen bis hin zu Plastikbechern im Hunderterpack. Durch Betrug!

Nun denn, Sir, wenn ich mir noch eine Bemerkung erlauben darf: Ich denke, unsere einzige Möglichkeit besteht darin, die Menschen in Ruhe zu lassen und die Imperiale Invasionsflotte zurückzuschicken. Ich betone noch einmal, dass ich gerne dazu bereit bin, hierzubleiben und die Situation zu beobachten, wenn Sie das wünschen?

**AN:** ZINFLUU (315)
**VON:** XARGE (318)
**BETREFF:** FLEISCHARMEEN

Ich empfange Ihren Bericht mit der blutkreislaufunterbrechenden Gehirnmasse des Unglaubens.

Menschen verwalten ihr Personal mithilfe von Menschen? Das ist ein Witz, oder? Sie wollen mir nicht weismachen, dass die PERSONALMANAGER SELBST MENSCHEN sind?

Lassen Sie mich das noch einmal zusammenfassen: Ich sende Trorxex und die Imperiale Invasionsflotte also nicht nur durch die halbe Galaxie zu einem kleinen, ländlichen Fleckchen, um einen Krieg mit einer Armee aus Fleisch und Blechdosen anzufangen ... Nein, jetzt sagen Sie mir auch noch, dass der gesamte Planet sich in ein Stück Kohle verwandelt, wenige Sekunden nachdem unsere Flotte angekommen ist und ein kleines bisschen symbolisch mit den Lichtschwertern gerasselt hat?

Verdammt noch mal, Zinfluu, Sie wissen doch, dass ich nicht noch ein Cosmic-Relations-

Desaster dieses Ausmaßes anzetteln kann – nicht nach dem Mega-Fiasko mit Blerg und den Ereignissen auf Planet Fungobungo. Noch eine verpfuschte Operation und ich kann einpacken. Und was passiert, wenn Trorxex mich verflüssigt und den Lebenden zum Fraß vorwirft? Seinem Urteil kann ich dann nicht widersprechen. Er ist per Definition immer im Recht.

OH GOTT, es wird furchtbar erniedrigend sein, wenn Trorxex wirklich auf der Erde auftaucht und dort auf einen panischen Idioten von Weltraumaffen trifft, der mit einer Schürze bekleidet ein Nudelholz schwenkt. Gibt es denn keine Möglichkeit, die Beweise zu vernichten, ohne den Planeten dabei in eine unbrauchbare, knusprige, schwelende und verstrahlte Erinnerung an Ihre Inkompetenz zu verwandeln? Sogar eine halbe unbrauchbare, knusprige, schwelende und verstrahlte Erinnerung an Ihre Inkompetenz wäre unter diesen Umständen ja schon etwas. Kommen Sie, Leutnant, setzen Sie Ihr mickriges Gehirn ein. Ich weiß, Sie verfügen nur über ein Erkundungsschiff, aber es muss doch eine Möglichkeit geben, sich dieser Weltraumaffen zu entledigen.

Ha, ich hab's! Warum senden wir ihnen nicht irgendwelche Weltraumkeime und lösen so eine Super-Seuche aus? Natürlich müssten Sie sich dann als Überträger zur Verfügung stellen,

Leutnant. Welch eine Ehre für Sie, sich für den ewigen Ruhm seines Kommandanten und des Super-Imperiums opfern zu können. Ich bin natürlich nicht so ein fader Weltraumkunde-Nerd wie Sie, aber wenn ich es richtig verstehe, sollten die auf der Erde aufgewachsenen Weltraumaffen keine natürliche Immunität gegenüber auf Splorta gewachsenen Weltraummikroben haben und andersherum, korrekt? Man könnte die Erde in kürzester Zeit entmenschlichen, fast umsonst, ohne große Vorbereitungen und administrative Unkosten. Es würde uns sicher ein paar unangenehme Monate bescheren, den Auftrag vollständig durchzuführen, sowie einige weitere widerlich stinkende Monate, bis die Menschen gänzlich verrottet wären, aber vielleicht könnte ich die Imperiale Invasionsflotte so lange aufhalten. Wenn man den Planeten dann lange genug auslüften lässt, dürfte er so gut wie neu sein!

Machen Sie sich ruhig einen schönen Tag dort unten, knipsen Sie ein Selfie mit einer Ananas, amüsieren Sie sich über ein Flugzeug und niesen Sie dabei auf ein paar Dinge ... Sagen Sie also nicht, ich würde Ihnen nie was Gutes tun! Ich gestehe Ihnen eine Reihe von Vergnügungen zu. Sie müssen nur ein paar *Ihrer Keime* unter die Leute bringen, um sie alle zu töten, bevor *deren Keime* Sie restlos dahinraffen. Hiermit gebe ich dieser Mission offiziell meinen Segen, Leutnant. Wahrlich eine fantastische Idee! Sie können sich glücklich schätzen, dass ich darauf gekommen bin. Es gibt in der gesamten Galaxie keinen nobleren Grund, sich aus dem Leben zu niesen, als die Rettung seines Kommandanten (und dessen Rufs).

Bedanken Sie sich nicht bei mir, Leutnant, es gibt nicht umsonst eine Intelligenzhierarchie. Ich würde ja anbieten, das Ganze selbst in die Hand zu nehmen, aber leider … möchte ich nicht. Sie sind dort, ich bin hier, und derjenige von uns mit den größeren kognitiven Kapazitäten muss aus der Ferne die Imperiale Invasionsflotte bei der Ankunft auf Splortas neuer, sauberer, leerer und kompostreicher Heimwelt instruieren. Ich wünschte nur, ich könnte ihre Gesichter sehen, wenn sie die wunderbare Geschichte hören, wie ein einziger Kommandant es fertiggebracht hat, einen gesamten rohstoffreichen Planeten einzunehmen, ohne dabei auch nur eine Licht-, Strahlen- oder Verflüssigungswaffe einzusetzen und mit gegen null tendierenden Kollateralschäden.

Das wird meine große Stunde, Zinfluu. Ich erwarte Ihren verständlichen Enthusiasmus voller Ungeduld und Gier.

**AN:** XARGE (318)
**VON:** ZINFLUU (315)
**BETREFF:** PATT

Ich grüße Sie, Kommandant Xarge,

möge das Glück einer guten Verdauung mit derselben Anmut an den Eingang Ihrer Gedärme klopfen wie diese langerwartete Nachricht.

Wirklich, Sir, ich bin beeindruckt. Ihr Führungsstil ist wie immer höchst inspirierend. Was wäre das für eine Ehre. Ich hatte ja keine Ahnung, wie sehr Sie mich und meine Fähigkeit, Mikroben zu beherbergen, schätzen. Ich danke Ihnen aus den tiefsten Tiefen meiner Globulen.

Natürlich haben Sie recht damit, dass die Menschen nicht gegen Weltraumkeime immun sind, bedenkt man ihre vollkommene Isolation gegenüber einem Universum, das Lebensformen im Allgemeinen etwas mehr Widerstandskraft abverlangt. Darüber hinaus können wir beruhigt davon ausgehen, dass die Menschen nicht schnell genug Antikörper entwickeln. Das liegt nicht zuletzt an ihrer freigeistigen, romantischen und sorglosen Gewohnheit, all ihre besten Antibiotika dafür zu verwenden, Eier und Burger ein bisschen billiger zu machen. Ich kann Ihnen versichern, die Menschen wissen, wie man „den Moment genießt“.

Dennoch muss ich Sie schweren Herzens (nicht wörtlich zu verstehen, da es hier ungefähr sechs Mal weniger wiegt) auf einen kleinen Makel in Ihrem ansonsten mustergültigen Plan aufmerksam machen: Es wäre mir selbstverständlich eine noch nie dagewesene Ehre, mein Immunsystem den seltsamen Weltraumkeimen der Erde auszusetzen, wenn ich dadurch auch nur die winzigste Chance hätte, Ihren Ruf zu verteidigen. Doch eine derart ansprechende Strategie würde das Schicksal der Biosphäre der Erde gänzlich in die Hände der Menschen legen – nur wären diese nun unheilbar krank durch auf Splorta gewachsene Mikroben, hätten nichts zu verlieren *und* ihre Hirne wären nun ungeheuer langsam, verwirrt oder schon zu Brei geworden. Das würde das Überleben der Biosphäre des Planeten noch unwahrscheinlicher machen, als es ohnehin schon ist.

Den Wikipedia-Archiven zufolge drehen die Menschen in Krisensituationen historisch betrachtet noch mehr am Rad als sonst (vgl. Hexenverbrennung, Kreuzzüge, die Wahl erbärmlicher, wütender Menschen mit radikalen Ansichten zu ihren Anführern). Da liegt es nahe, dass sie sich gegenseitig für die Krankheitserreger verantwortlich machen würden, und dann betätigt irgendein übereifriger Anführer mit allerletzter Kraft den „Weltende"-Knopf, nur um sicherzustellen, dass ihm kein anderer zuvorkommt. Das ist die verworrene Genialität ihres Verteidigungssystems – es braucht nur einen einzigen Menschen, um den Knopf zu drücken, der den gesamten Planeten zerstört. Eine wirklich ausgeklügelte Taktik.

Das ist es wohl, was die Menschen einen „Patt" nennen, Sir. Ich weiß, es ist nicht einfach, sich diesen bescheuerten, behaarten Wesen zu ergeben, aber wir leben nun mal in politisch schwierigen Zeiten, wie Sie nur zu gut wissen. Es wird immer schwieriger, Völkermorde erfolgreich zu vermarkten. Die Menschen tun ja niemandem weh. Strategisch gesehen sind sie sich selbst der größte Feind. Manchmal muss man eben doch einen Stein auf dem anderen lassen.

Angesichts unserer unpopulären Misserfolge in dieser Region in letzter Zeit wäre es vermutlich das Beste, die Imperiale Invasionsflotte zu stoppen, sobald es Splorta möglich ist. Wir sollten uns lieber von der Erde fernhalten, wenn man bedenkt, wie unberechenbar diese Erdlinge sind. Sie könnten sich jederzeit in die Luft sprengen, und da wollen wir sicher nicht gerade in der Nähe sein. Die Vereinigten Reiche von Splorta sollten auf keinen Fall dabei erwischt werden, wie sie den Humanozid verursachen, oder auch nur anwesend sein, wenn die Menschen sich selbst auslöschen.

Machen Sie sich keine Sorgen, ich bleibe auf meinem Posten und beobachte die Situation für Sie.

Ich kann gerne auf die Menschen aufpassen. Darf ich? Bitte! Bitte!

**AN:** ZINFLUU (315)
**VON:** XARGE (318)
**BETREFF:** BLÖDE AFFEN

Ich empfange Ihren Bericht aufgebracht und voller Nostalgie.

Aah, ich hätte es mir denken können. So könnte es tatsächlich laufen: Die heimischen Aliens auf der Erde bringen sich um, und wir sollen schuld daran sein, nur weil wir uns in der Nähe aufgehalten und geplant haben, sie auszurotten. Das ist nicht fair! Ein Super-Imperium kann heutzutage auch wirklich nichts mehr richtig machen. Wir sind verantwortlich, wenn wir eingreifen. Wir sind verantwortlich, wenn wir es nicht tun. Wie man es macht, macht man es verkehrt!

Es ist ärgerlich und deprimierend zugleich, wenn man auf einem Planeten Aliens vorfindet. Ich hasse sie. Als wäre das verdammte Universum nicht groß und alt genug für alle. *Diese Weltraumaffen.* Das ist wirklich besonders mies, oder? Sie hatten Milliarden Jahre Zeit, aber suchen sich für ihre geschmacklose, sogenannte

„Zivilisation“ auf diesem perfekten Planeten genau dasselbe hauchdünne Stück der gewaltigen kosmischen Zeitleiste aus, das auch wir nutzen. Bastarde.

Wenn man einen Pfeil ins All werfen würde, träfe man jenseits von Splorta nur auf lang vergangene oder noch zu entstehende Zivilisationen, und wir reden hier von Milliarden Jahren in beide Richtungen. Aber eine zeitgleiche ... *in Reichweite* ... noch dazu mit einem riesigen Schwimmbad versehen ... wie hoch stehen die Chancen für so etwas? Ich will es gar nicht wissen. Das ist wie ein Sechser im Lotto, exakt in dem Augenblick, in dem das Los von einem Blitz aus dem Universum getroffen wird.

Aber gut, so ist es nun mal. Pech gehabt! Dieses eine Mal gewinnt ihr, Weltraumaffen.

Ich werde mit der CR-Abteilung über Ideen sprechen wie man das Wort „Pattsituation“ für ein splortanisches Publikum verbessern kann. Vielleicht haben die ja eine Idee, wie wir dieses Fiasko so drehen können, dass ich nicht als der letzte Trottel dastehe, wenn die Imperiale Invasionsflotte umkehren muss und in einer riesigen Wolke aus katastrophaler, radioaktiver Enttäuschung wieder anlegt.

Wenn Sie also nie wieder von mir hören, wissen Sie, dass Trorxex nach Splorta zurückgekehrt ist und Suppe aus mir gemacht hat.

Xarge-Suppe, was für ein Ende. In diesem Fall will ich Ihnen aber noch sagen, dass es mir wirklich eine Ehre war, Ihnen übergeordnet gewesen zu sein. Viel Glück mit Ihrem Weltraumaffenzoo. Ich hoffe, sie sterben alle.

**AN:** XARGE (318)
**VON:** ZINFLUU (315)
**BETREFF:** PROJEKT MENSCH

Ich grüße Sie, Kommandant Xarge,

möge ein kräftiges Niesen Ihren Blick auf die Zukunft der Entropie schärfen.

Ich danke Ihnen, Kommandant! Sie werden es sicher nicht so schnell bereuen (und hoffentlich auch nicht zu lange)! Ein kleiner Trost könnte sein, dass mit Blick auf die evolutionäre Weltraumforschung die Erde und die dort beheimateten Erdlinge wirklich von unschätzbarem archäologischem Wert sind. Wenn ich es richtig deute, haben sie erst vor ein paar Tausend Jahren die Tasse erfunden. Einfach unglaublich. Es passiert wirklich nicht oft, dass man eine derart idiotische Zivilisation intakt vorfindet. Normalerweise zerstören sie nämlich alle Beweise ihrer Existenz, und wir erfahren nicht, wie das Leben vor dem Großen Filter aussah.

Planet Erde wird auch heute noch auf der

Grundlage der gleichen Ideen wie noch vor tausenden von Jahren geführt. Die dort heimische Zivilisation ist jedoch beeindruckend unverändert angesichts äußerer Einflüsse, Druck von außen und auch der sanften Konfrontation mit offensichtlich überlegenen Ideen. „Geschichte wiederholt sich", scheint tatsächlich das inoffizielle Motto des Planeten zu sein. Wie häufig die Menschen ihr System auch zusammenbrechen lassen, sie starten es einfach immer wieder von neuem. Sie formatieren nicht etwa die Festplatte oder rüsten die Programme nach. Nichts von alledem, sie machen einfach genau so weiter wie bisher und gehen immer noch von denselben Grundvoraussetzungen aus, die schon galten, als Straßen, Abwasserkanäle, Arbeitsstätten und Küchen noch ein und dasselbe waren.

Das ist es übrigens auch, was die Menschenschau so spannend macht ... Es ist, als erwache die Geschichte zum Leben! Einfach beeindruckend, den Erdlingen bei dem Versuch zuzusehen, ein „modernes" Leben zu führen, das dabei jedoch auf dem Unsinn aus der Eisenzeit und Moralprinzipien aus zweitausend Jahre alten Büchern gründet. Als würde man eine Gruppe von Kleinkindern dabei beobachten, wie sie einen Sportwagen nach der Anleitung einer Pferdezeichnung zusammenbauen. Faszinierend!

Wenn man sie entsprechend konserviert,

könnten das Selbstbewusstsein und der Selbstbetrug der Menschen (die beide astronomische Höhen erreichen) meiner Meinung nach in den Status eines Galaxiewunders erhoben werden. Eine Mischung, die selten, faszinierend und unglaublich unattraktiv für eine mögliche Haustierhaltung wäre – doch mit Sicherheit würden Exemplare dieser Spezies hochbegehrte Auszeichnungen in dem einen oder anderen Weltraumzoo ergattern.

Ich könnte der erste Humanologe des Universums werden! Wann hat man schon mal die Möglichkeit, in einem Universum voller verrückter Verbindungen bei irgendetwas der Erste zu sein? Endlich kann ich etwas aus mir machen!

Sie werden das wirklich nicht bereuen, Kommandant. Ich werde mich um die Menschen kümmern, regelmäßig ihren Planeten säubern und sicher keinen von ihnen entkommen lassen. Mein Ehrenwort! Gute Nacht, Sir. Ruhen Sie gut.

**AN:** INTERGALAKTISCHES-ERBE-FONDS
**VON:** ZINFLUU
**BETREFF:** ANTRAG AUF UNIVERSCO-UNTERSTÜTZUNG

Sehr geehrte Planetenkümmerer,

herzliche Grüße vom friedlichen Orionarm der Milchstraße irgendwo im unglaublich trostlosen Laniakea-Superhaufen!

Ich heiße Leutnant Zinfluu, bin neun splortanische Jahre alt und Kundschafter der Intergalaktischen Aufklärungsabteilung des splortanischen Militärs.

Ich kann mir vorstellen, was Ihnen jetzt durch den Kopf geht, aber: Wir sind nicht alle böse! Wir befolgen nur Befehle (die allesamt böse sind).

Ich schreibe zum ersten Mal an den Intergalaktisches-Erbe-Fonds, bin aber seit jeher ein großer Fan der *Lonely-Universe*-Reihe, wirklich, schon immer. Ich habe bestimmt mindestens 0,1 Prozent davon gelesen. Das war auch der Grund, warum ich der Intergalaktischen Aufklärungsabteilung beigetreten bin ... um etwas vom Kosmos zu sehen, dank Ihnen.

Wenn ich ganz ehrlich bin, fand ich es dort anfangs ein klein bisschen enttäuschend. Es gibt definitiv viel mehr kaltes, dunkles, stilles, leeres Nichts, als in Ihren Büchern zur Sprache kommt. Doch mit zunehmendem Alter merke ich, dass es sich dabei sicher um eine bewusste Entscheidung gehandelt hat, um den Seitenumfang geringer zu halten. Nun, dank Ihnen bin ich also zur evolutionären Weltraumforschung gekommen und habe verstanden, wie wichtig es ist, selbst die lächerlichste Lebensform zu bewahren. Aus diesem Grund möchte ich für folgenden Planeten einen formellen Antrag auf UNIVERSCO-UNTERSTÜTZUNG im Sinne der Bewohner stellen (die schlicht noch nicht herausgefunden haben, wie man im Weltraum umherreist, weshalb ich alles Administrative für sie übernehme ...)

| | |
|---|---|
| **Name (örtlich):** | ‚Erde‘ |
| **Dominante Lebensform:** | Bakterie |
| **Dominante „Art“:** | Homo sapiens (umgangssprachlich bekannt als ‚Mensch‘, eine Art Weltraumaffe) |
| **Zivilisationstyp:** | Noch-nicht-Typ-1 |

Es ist ein seltener, schöner und funktionaler Planet – mit einem selbsterhaltenden, selbstheilenden Lebensraum auf einer festen Umlaufbahn, der in der Lage ist, eine milliardenstarke Einwohnerschaft über Hunderte Millionen Jahre zu versorgen. Allerdings muss ich zugeben, dass die Bewohner ein wenig *seltsam* sind, was vermutlich daran liegt, dass sie in einem einsamen Teil des einsamsten Universums leben. Lassen Sie es mich so sagen: Sie haben tatsächlich damit angefangen, sich imaginäre Freunde aus dem All auszudenken – niedlich, oder? Viele Erdlinge glauben fest daran, dass ihr Planet so außerordentlich lebenswert ist, da er „eigens für sie geschaffen“ wurde – wie Pfützen, die sich darüber freuen, genau in eine Erdvertiefung zu passen.

Obwohl die Bewohner durchaus liebenswert sind, hat diese schrullige Selbstverliebtheit leider zu einer ungewöhnlich starken Vernachlässigung des Planeten geführt. Das mag daran liegen, dass die Menschen ihr Leben auf der Erde als langweiliges, beinahe schon belangloses Vorspiel für unendliche weitere Lebenszeiten im Anschluss daran wahrnehmen – in einem sogenannten „Jenseits“. Manchen Erdlingen kommt diese saftig grüne Welt aus Regenbogen, Schneeflocken und Sternenlicht also offenbar vor wie ein besonders gelungenes Wartezimmer, in dem sie sich die Zeit vertreiben müssen, bis endlich die richtige Party beginnen kann.

Leider hat diese charmante Fehleinschätzung dazu geführt, dass das bisherige Management recht mangelhaft war. Das Übliche eben: fossile Brennstoffverschwendung, Müll im Meer, dahinschwindende Eisvorkommen ... Momentan zeigen sich in der Kolonie beeindruckend widersprüchliche Haltungen zu der Frage, wie wichtig die Biosphäre der Erde für das Überleben der Erdlinge ist. Wie das aussieht? Der durchschnittliche Mensch macht sich zwar Gedanken über das langfristige Wohlergehen des Planeten, ist jedoch gleichzeitig fast ebenso besorgt um den kurzfristigen Zugang zu all den Dingen, die das Leben auf der Erde seiner Meinung nach erst lebenswert machen (Burger, Urlaube, Plastiktüten). Das hat dazu geführt, dass die Erdlinge die Prioritäten ein wenig aus dem Blick verloren haben.

Im Grunde handelt es sich um ein vergnügungsfreudiges Partyvölkchen, das versucht, das perfekte Fest zu schmeißen. Was ganz selbstverständlich dazu führt, dass der ein oder andere sauer wird, wenn irgendwelche Spielverderber die Musik leiser drehen, die Polonaise unterbrechen oder mit der Gabel ans Glas klopfen, um „kurz ein paar Worte zur $CO_2$-Bilanz zu sagen“. Buh!

Wenn es „Klimakonferenzen" (Buh!) auf der Welt gibt, beginnen sie meist mit Variationen derselben verhaltenen Frage: „Okay, also. Rein interessehalber – wirklich nur aus Interesse –, äh, wenn wir im Notfall, also, ich meine, wenn wir wirklich müssten – und ich sage hier natürlich nicht, dass dem so ist, das wäre ja gelacht, *aber* falls doch, wie warm könnte, also, Sie wissen schon, es denn noch werden, ohne ... *ohne dass das BIP darunter leidet*? Ich frage das nur für einen Freund!"

In Planetenschutzfragen ist das ungefähr genauso vertrauenserweckend wie ein Babysitter, dessen letzte Frage, bevor die Eltern das Haus verlassen, lautet: „Ach ja, wie lange können Babys unter Wasser eigentlich die Luft anhalten? Das frage ich nur für einen Freund!"

Ich bin davon überzeugt, dass auch Sie der Meinung sind, die Probleme der Erdbiosphäre müssten in einer deutlich kürzeren Zeitspanne angegangen werden, als es den Menschen zuzutrauen ist. Vermutlich reicht schon Ihr koordiniertes Standard-Reinigungsprogramm aus, um sie in ihren ursprünglichen ausgeglichenen Zustand zurückzuversetzen. Danach könnte das Erdlingsreservat als ein wahres Galaxiewunder gelten.

Ich hoffe sehr auf Ihre Unterstützung!

Leutnant Zinfluu,
Intergalaktische Aufklärungsabteilung (etc.)
Vereinigte Reiche Splortas

P.S.: Und ja, ich weiß, dass neun ziemlich alt ist, um immer noch Leutnant zu sein, aber leider gab es in letzter Zeit eine Reihe Verflüssigungen (Leitungswechsel), deshalb zählen 315 Intelligenzpunkte nicht mehr dasselbe wie früher.

**AN:** ZINFLUU (315)
**VON:** XARGE (318)
**BETREFF:** RAUMFAHRTPROGRAMM?

Ich empfange Ihren Bericht mit jäher Überraschung.

Was meinen Sie mit „keinen von ihnen entkommen lassen“?

Sie sagten doch, es gäbe nichts außer einer Raumstation und einer Fahne auf dem Mond?!

Leutnant, ich benötige SOFORT einen detaillierten BERICHT über das Raumfahrtprogramm der Erde. Verflucht noch mal, Zinfluu, verschweigen Sie mir irgendetwas? Dann werde ich Sie, so wahr mir GOTT helfe, höchstpersönlich in knusprige Gallertmasse verwandeln.

Ist die sogenannte „Zivilisation“ der Erde ein Kandidat, der es durch den Großen Filter schaffen könnte? Und jetzt kommen Sie mir bloß nicht mit dem ganzen New-Age-Hippie-Kram, dass es im Universum Platz für alle gibt – Sie wissen schon, wovon ich rede: Wie stehen die Chancen dieser Schwachköpfe, das Lebensstadium der Weltraumkolonialisierung zu erreichen?

Ich erwarte die schnellstmögliche Beantwortung dieser Angelegenheit. Angesichts der Dringlichkeit lassen Sie ausnahmsweise Tippfehler Tippfehler sein!

**AN:** XARGE (318)
**VON:** ZINFLUU (315)
**BETREFF:** ‚RAUMFAHRTPROGRAMM' IST EIN GROSSES WORT

Ich grüße Sie, Kommandant Xarge,

möge das Licht entfernter Monde kaum wahrnehmbar auf Ihren blankpolierten Schienbeinen schimmern.

Nun, ich würde es nicht gerade ein „Raumfahrtprogramm" nennen. Das wäre wirklich ein zu gewichtiges Wort. Ja, es stimmt, technisch gesehen haben die Menschen ein paar Raketen und derlei Dinge, aber eher zu zeremoniellen Zwecken.

Auf jeden Fall ist es nichts, worüber man sich Sorgen machen müsste, vergessen Sie am besten einfach, was ich gesagt habe. Dem Material aus den Wikipedia-Archiven zufolge haben sich bisher nur 555 Menschen überhaupt die Mühe gemacht, daran teilzunehmen. Kann man da von einem „Raumfahrtprogramm" sprechen? Wohl eher von einem Rohrkrepierer. Der Rest ist pures Freizeitvergnügen: 2200 unbemannte Satelliten, hauptsächlich um den Versand von Textnachrichten zu erleichtern [siehe auch: **Weltraummuell.jpg**], ein Spielzeugauto auf dem Mars (dem uninteressanten Nachbarn der Erde – sieht gemütlich aus, ist er aber nicht) und zu guter Letzt diese völlig überflüssige Ach-was-sind-wir-toll-Flagge auf dem Mond. Das war's. Sie sind nur ein paar Mal hergekommen. Soweit ich das beurteilen kann, waren sie nur hier, um einige schlechte Urlaubsfilme zu drehen. Es gibt zumindest keinerlei Indizien für einen wie auch immer gearteten ökonomischen, strategischen oder militärischen Nutzen dieser Bemühungen. Ein paar Golfbälle haben sie zurückgelassen.

An Stelle der Menschen hätte ich die Mondlandung einfach vorgetäuscht und die Ressourcen für etwas Sinnvolles genutzt.

Die lächerliche Suche der Menschen nach uns (das SETI-Programm) hätte das Geld vermutlich gut brauchen können. Momentan suchen sie nämlich nur 2 Prozent (!) des Himmels nach Anzeichen „außerirdischer Intelligenz" ab, wenngleich „irgendeiner Intelligenz" vielleicht der bessere Begriff wäre. Aber es wird noch besser: Das Programm sucht dieses süße „Na-ja-immerhin-haben-wir-es-versucht"-Stückchen Kosmos einzig und allein nach *Funkwellen* ab.

Hahaha! Und das in der heutigen Zeit! Genauso gut könnten sie den Kosmos nach Kassetten absuchen.

Bei ihrer jetzigen Geschwindigkeit wäre es ein Wunder in der Größenordnung des Drolligen Drachoiden Dachsosauriers von Darg, wenn sie den BRUMP-Planeten am Nachthimmel entdecken würden. Und das trotz der Tatsache, dass beim BRUMP-Planeten die umliegenden Sterne plakativ zum Wort BRUMP angeordnet sind (gibt es eigentlich Neuigkeiten zu den 350.000.000 Weltraumklagen in Bezug auf diesen CR-Trick?)

Und was den Fortschritt der Erde im Bereich „Ergründung der Unendlichkeit" angeht: Dabei handelt es sich wohl eher um eine symbolische Geste. Die älteste Raumsonde („Voyager") wurde gerade mal innerhalb der letzten tausend Jahre gestartet. Sicherlich nichts, worüber sich die Vereinigten Reiche von Splorta Sorgen machen müssten. Vergessen Sie die Sonde einfach. Es stimmt, die Voyager könnte solche Dinge von sich geben wie: „Wir versuchen einer Gemeinschaft aus galaktischen Zivilisationen beizutreten" (ja klar!), aber das heißt ungefähr so viel wie wenn ein Splortaner sagt: „Ich versuche abzunehmen, Sport zu machen und mein Rückenfett in Form zu bringen." So etwas sagt sich so leicht. Aber tatsächlich nutzen die Erdlinge den

Großteil ihrer gemeinschaftlichen Ressourcen, um deutlich terrestrischere Probleme zu lösen, zum Beispiel die Frage, wie eine Webseite einen Hunderterpack Plastikbecher zu jedem Ort der Welt liefern kann, zu jeder Tageszeit, in weniger als einer Stunde – ohne jemanden dafür einstellen oder Steuern bezahlen zu müssen.

Es besteht derzeit überhaupt keine Gefahr, dass die Menschen ihrer Schwerkraftquelle in Raumzeit entfliehen könnten. Ihre Raketen gleichen kleinen, fliegenden Schwänzen, und sie zapfen immer noch die begrenzten Reserven des komprimierten,flüssigen Dinosaurier-Safts an, um diese primitiven Blechbüchsen-Witzschiffe vom Boden aus in den Weltraum zu furzen. Es ist ein wahres Vergnügen, ihnen dabei zuzuschauen! Sie sind schwerkraftgebunden und werden das auch in absehbarer Zukunft bleiben – bis die Menschen endlich verstehen, dass sie das hochangereicherte Uranium statt in die Spitze der Raketen (Ergebnis: Traurige Bomben) in den Boden einbauen müssen (Ergebnis: Fröhliche Raumschiffe!).

So. Kein Grund zur Sorge also. Was bedeutet der Große Filter heutzutage schon noch? Sind wir nicht alle Bürger des Universums? Die Erdlinge sind noch immer erfolgreich in Quarantäne, und ich denke, dass wir wie geplant vorgehen und sie schlicht in Ruhe lassen sollten.

Vergessen Sie einfach alles, was ich je gesagt habe. Ich wünsche Ihnen viel Glück für die Zukunft, in welcher Form – hart, flüssig oder breiförmig – sie diese auch begrüßen werden.

Es war mir eine Ehre, ein Privileg und eine Pflicht, Sir. Mögen die kalten Weltraumwinde sacht auf die Suppe Ihres Ruhestandes pusten. „Raumfahrtprogramm? Kandidat für den Großen Filter?“ Ha. Mitnichten. Das ist zu 99,98 Prozent unwahrscheinlich!

---

**ANHANG:**

**Weltraummuell.jpg**

WELTRAUMMUELL.JPG

THE INTERGALACTIC
HERITAGE FUND

**AN:** ZINFLUU
**VON:** INTERGALAKTISCHES-ERBE-FONDS
**IN CC:** ZUNEHMEND IRONISCHER ZUSAMMENSCHLUSS DER ISOLATIONISTEN; NICHT ANSATZWEISE ANSTÄNDIG ORGANISIERTE TRUPPEN-ALLIANZ; INTERGALAKTISCHER GERICHTSHOF FÜR ALIENRECHTE UND ANSPRÜCHE
**BETREFF:** RE: UNIVERSCO-UNTERSTÜTZUNG

Lieber imperialistischer Splorta-Abschaum,

wir haben Ihre Mitteilung erhalten, aber es scheint, als hätten Sie sich bei „Intergalaktische Eroberung" verschrieben. Haben Sie absichtlich ein paar Buchstaben am Ende weggelassen? Als wir uns zum letzten Mal das riesige Riesen-Ehrenmal vor unserem Hauptsitz angesehen haben, stand da zumindest noch „Intergalaktische Eroberung UND PLANETARISCHE VERSKLAVUNG".

Halten Sie uns wirklich für so naiv? Glauben Sie, dass wir uns ERNEUT darauf einlassen, eine Biosphäre für die Vereinigten Reiche von Splorta zu säubern und instand zu setzen, weil Sie sich dazu entschieden haben, sich ein „neues Image“ zu geben? Das wäre ja zu schön für Sie, besonders bei den Planetenpreisen heutzutage. Meinen Sie wirklich, dass wir diesen Trick nicht langsam mal kennen, nachdem er in der Vergangenheit schon sechzehn Mal angewendet wurde? Die Nummer *„Verrückte Aliens schrecken den ein oder anderen frühen Siedler ab, könnten Sie kommen und das Ganze in Ordnung bringen, und oh, sieh mal einer an, wer konnte das ahnen, nun hat die Bohème die kantige Marke struktureller Dysfunktion und den beiläufigen Nihilismus der Erde für ‚cool‘ befunden und – welch Überraschung – auf einmal steckt in diesem Planeten das Potenzial, ein ‚angesagter‘ Teil der Galaxie zu werden, und ganz plötzlich ändern die Vereinigten Reiche von Splorta ihre Meinung und wollen ihn doch nicht mehr zu einem Naturreservat machen“*, die kennen wir und sind auch schon darauf reingefallen, wieder und wieder und wieder, aber wissen Sie was? Einmal ausgetrickst werden ist keine Schande, sechzehn Mal ausgetrickst werden ist keine Schande, aber siebzehn Mal? Das ist eine Schande … DAS PASSIERT UNS NICHT NOCH EINMAL!

Wir haben Ihre Nachricht an die zuständige Behörde, den INTERGALAKTISCHEN GERICHTSHOF FÜR ALIENRECHTE UND ANSPRÜCHE (IGARA) weitergeleitet und möchten Sie bewusst beiläufig darauf hinweisen, dass der Orionarm der Milchstraße dem Intergalaktischen Abkommen proaktiver Indifferenz (Artikel 50, Absatz 2, Haiku 6) des Zunehmend Ironischen Zusammenschlusses der Isolationisten unterliegt.

Sie mögen das vielleicht für irrelevante Bürokratie halten, durch die nur die Raumverkehrsordnung, planetarische Kreisverkehre und praktische Wendepunkte geregelt werden, aber manche von uns träumen immer noch davon, dass der Weltraum eines Tages homogen sein wird. Sie werden sich noch an unsere Worte erinnern: Eines Tages wird es so weit sein. Oh ja! Wir werden alle unsere Unterschiede überwinden und ganz und gar gleich sein!

Da die Erdlinge bisher noch nicht den Dreh raushaben, ihren Planeten zu verlassen und den Papierkram zu erledigen, haben wir im Namen der Menschen einen Antrag auf Mitgliedschaft bei der NICHT ANSATZWEISE ANSTÄNDIG ORGANISIERTEN TRUPPEN-ALLIANZ (NAAOTA) gestellt und erwarten mit gedrückten

Daumen, Zehen, Schwänzen, Klauen und Tentakeln irgendwann, hoffentlich oder auch nicht, einen positiven Bescheid.

Darüber hinaus werden wir eine hochoffizielle Benachrichtigung durch den ZUNEHMEND IRONISCHEN ZUSAMMENSCHLUSS DER ISOLATIONISTEN an alle militärischen Einheiten Splortas beantragen, die sich im Anflug auf die Koordinaten der Erde befinden.

Es verbleibt mit inbrünstigem ideologischen Abscheu und Naivität
Ihr
Intergalaktisches-Erbe-Fonds

P.S. Jeder weiß, was auf dem Planeten Fungobungo *wirklich* passiert ist. Wie konnten Sie nur? Die Bewohner waren gutmütige, friedliebende Leute, mit frohem Herzen und federnden Beinen. Ihr IQ lag zwischen 5 und 30, verflucht noch mal. Ihr Monster solltet Euch wirklich schämen.

UNITED EMPIRES OF SPLORTA

**AN:** ZINFLUU (315)
**VON:** XARGE (318)
**BETREFF:** INTERSTELLARE BEDROHUNG

Ich empfange Ihren Bericht mit unhaltbarem Entzücken.

Mal wieder hat Ihr winziges Hirn es nicht geschafft, die Implikationen Ihrer eigenen Aussagen zu durchdringen, Leutnant. Reichen 315 Intelligenzpunkte wirklich nicht aus, um das zu kapieren? Das ist es! Die Lösung! Meine Chance, dem Pürierstab zu entkommen! Zinfluu, ich könnte Sie umarmen, wenn Sie hierarchisch nicht so weit unter mir stünden.

Sie hätten wirklich selbst auf die Idee kommen können, das Weltraummüll-Register nach dieser sogenannten „Sonde“ der wunderbaren kleinen Weltraumaffen zu durchsuchen. „Voyager“ ist tatsächlich im System: „eingetragene Weltraumbelästigung Nr. 09111934“; beinahe hätte sie ein Müllschiff gerammt, als sie mit 62.000 km/h eine Fahrrinne kreuzte. (Die ganze Sache wurde dann nicht weiterverfolgt, jedoch nur deshalb nicht, weil die Raumzeit wirklich sehr relativ ist und „beinahe“ nicht als klar definierter, juristischer Terminus von den meisten rechtsprechenden Instanzen akzeptiert wird).

Wollen Sie wissen, wie weit sie gekommen ist? Sie hat sich 21 Milliarden Kilometer von der „Sonne“ entfernt. Eine jämmerliche Distanz, wenn man mal ehrlich ist, aber darum geht es hier nicht. Die „eingetragene Weltraumbelästigung Nr. 09111934“ ist nicht nur das von Weltraumaffen gebaute Objekt, das sich am weitesten von seinen wahnsinnigen Weltraumaffen-Schöpfern distanziert hat, sondern ... nun raten Sie schon!

Es befindet sich im *interstellaren* Raum.

So ist es. Die Weltraumaffen haben technisch betrachtet die Grenze der Heliosphäre ihres eigenen Sonnensystems überschritten und befinden sich nun auf intergalaktischem Territorium ... und zwar ohne Genehmigung. O je, o je. Ein GROSSER Fehler, Weltraumaffen. Diese rostige, kleine Blechdose der Weltraumaffen wird mich vor dem Pürierstab bewahren.

Denken Sie mal darüber nach: Die Weltraumaffen brechen strenggenommen die einzige Regel atomarer Waffentechnologie, die im intergalaktischen Gesetzbuch noch Bestand hat (Artikel 10, Abschnitt 36, Tangente 4): „Antiquierte Waffen müssen deaktiviert werden und/oder dürfen nur zu Anschauungszwecken genutzt werden." Natürlich ist das rechtlich eine Grauzone – die Erde könnte hier eine Gesetzeslücke ausnutzen, indem sie die Waffen nur gegen sich selbst richtet. Aber Kernspaltungswaffen in Kombination mit diesem glasklaren Beleg für ein interstellares Raumfahrtprogramm, das sich keinen Deut um intergalaktisches Recht schert? Nicht mit mir! Wir haben damit ausreichend Gründe, um einen Erstschlag zu rechtfertigen.

Oh, Entschuldigung, *eine nichtlineare, präventive, zeitsparende, Vergeltung vorwegnehmende Maßnahme* natürlich. Ich hatte vergessen, dass wir seit dem letzten verdammten Faltblatt der Gedankenpolizei aus der CR-Abteilung nicht mehr von „Erstschlag" sprechen dürfen. Scheinbar ist „Erstschlag" mittlerweile zu heikel, da es eine „mitgefühlslose Abfolge von Ereignissen" andeutet und „intergalaktische Parteien in Gewinner und Verlierer aufteilt, einzig und allein aufgrund eines numerischen Status innerhalb eines Kriegsaktes, den sie sich nicht selbst aussuchen konnten". Verdammte liberale Elite. Was ist bloß aus dem „einfach einzunehmenden Planeten voller Schätze" geworden? Hä? Das war gut genug für Generationen unserer blubbernden Vorfahren-Eilinge, aber scheinbar nicht für uns. Jetzt heißt es nur noch „Regimewechsel", „splortanische Motive", „intergalaktisches Gesetz", „dürfen Sie das denn?" und „Planung".

Gedankenverbrechen!

Als Nächstes verbieten sie uns sicher, von „Weltraumaffen" zu sprechen. Die politische Korrektheit ist völlig durchgedreht, das können Sie mir gerne glauben. Der gesamte Kosmos wird irgendwann nur noch aus Liebe und Umarmungen bestehen, und dann werden Sie sich noch an meine Worte erinnern.

Vielleicht sind die offensichtlichen Aggressionen dieser sogenannten „Voyager-Raumsonde" ein Weckruf für die auf die Tränendrüse drückenden Liberalen Splortas, die natürlich wieder darauf bestehen, die Erde werde „missverstanden" und sei eine „friedliebende Zivilisation". Dabei reicht schon der kleinste Blick in **Wikipedia.zip** aus, um zu wissen, dass die Weltraumaffen eine wilde und hemmungslos gewalttätige Zivilisation sind. Und sie verheimlichen ihre Intentionen noch nicht einmal, stimmt's? Sie drohen damit, sich selbst in die Luft zu sprengen, sind dazu bereit, sich selbst in die Luft zu sprengen, und haben eine verfluchte nukleare Selbstmordweste um den Planeten geschnallt, um GOTTES Willen noch mal.

Wissen Sie was, Leutnant? Wenn es nach mir ginge, würde ich in jeder Schule des gesamten

Super-Imperiums verpflichtend ein Exemplar von Wikipedia von vorne bis hinten durcharbeiten lassen und danach mit den kleinen Hippies in spe ein Quiz veranstalten: Wie hat sich Freundlichkeit gegenüber Besuchern für die Ureinwohner Nordamerikas ausgezahlt? Wie ist dieser Pinguin auf die Idee gekommen, in ein Aquarium im Norden Londons einzuziehen? Wie begeistert war dieser Afrikaner im 19. Jahrhundert davon, ein Boot zu sehen?

Vielleicht würde dann die Bedrohung des zivilisierten Universums durch die Weltraumaffen ein klein bisschen ernster genommen werden. Es ist eine barbarische Spezies, die wir auf keinen Fall unterschätzen dürfen, auch ich nicht. Ich hatte sie wirklich nicht als Kandidaten auf dem Schirm, die es durch den Großen Filter schaffen könnten. Sicher, Schritt 1-8 (der richtige Stern, selbstreplizierende Moleküle, einzelliges Leben, Sex, Werkzeuge, bla, bla, bla) … aber den *Weltraum besiedeln*? … Affen? Hosentragende Affen? Na ja, der sogenannte Große Filter ist ja sowieso kaum mehr als eine offene Einladung. Warum hat der Kosmos denn überhaupt einen Filter, wenn sowieso jeder durchkommt?

Wenn ich an der Macht wäre, würde ich den Filter zu seiner alten Stärke zurückführen, *make it great again*! Aber was soll's, ich fange lieber gar nicht erst damit an. Immerhin haben wir jetzt einen Angriffspunkt. Die Vereinigten Reiche von Splorta können keinen Schurkenplaneten tolerieren, der die Stabilität der gesamten Region bedroht, indem er sich auf eine betont aufsässige Art und Weise verhält, die den intergalaktischen Normen des Nicht-verrückt-Seins entgegensteht und sich mit dem Charme eines verwöhnten Kindes in einer Hotelküche nur um seine eigenen Angelegenheiten kümmert.

Diese Beschwichtigungspolitik kann so nicht weitergehen! Wir brauchen STARKE FILTER.

Doch so sicher wie das Universum leicht und schwarze Löcher schwer sind, dürfen wir uns nicht von dieser gewaltigen Herausforderung abschrecken lassen, die uns hier auf dem Silbertablett präsentiert wird. Wir müssen den Ruf des Schicksals erhören. Wir dürfen weder wankelmütig sein noch verzagen, wenn es darum geht, die Werte Splortas – wie beispielsweise *Ausbreitung*, *Ausbreitung*, *Ausbreitung* und *Einmischung* – zu wahren und stolz zu vermitteln, und uns das selbst auferlegte Recht, das Universum nach unserem attraktiven Ebenbild zu formen, verdienen. Dabei dürfen wir auf keinen Fall unerwartete Ergebnisse riskieren.

P.S.: Jeder weiß, dass diese 350.000 Weltraumklagen nur eine blergsche Verschwörung sind.

**AN:** XARGE (318)
**VON:** ZINFLUU (315)
**BETREFF:** FRIEDLICHES RAUMFAHRT-PROGRAMM

Ich grüße Sie, Kommandant Xarge,

möge jeder gedämpfte Laut Sie liebevoll an die eibasierte Albernheit der Jugend erinnern.

Eine wahrhaft großartige, überraschende und ziemlich unglaubliche Idee, Sir. Ihre geistigen Fähigkeiten, die sich derart ungehemmt in alle Richtungen vorwagen, hören nie auf, mich mit Ehrfurcht zu erfüllen.

Leider sehe ich es jedoch bedauerlicherweise als meine Pflicht an, Sie darüber zu informieren, dass „Voyager" kein militärisches Gerät ist. Nicht einmal ansatzweise. Es ist vielmehr so weit davon entfernt, als militärisches Gerät durchzugehen, dass die intergalaktische Gemeinschaft kaum davon zu überzeugen sein wird, die Sonde sei auch nur im geringsten feindselig oder stelle gar eine unmittelbare, existenzielle Bedrohung der Raumzeitstruktur dar.

Erstens ist die Sonde unbe*mannt* – es gibt darin weder Mann noch Frau oder sonst irgendwelche Menschen. Zweitens bewegt sie sich mit einer Geschwindigkeit von 17 Kilometern pro Sekunde fort. Ja, das ist langsam. Es wird also noch 40.000 Jahre dauern, bis sie überhaupt das nächstgelegene Sternensystem erreicht (!). Drittens ist ihre direkte interstellare Nachbarschaft unerklärlich und verführerisch leer – doch leider ist der gesamte Spiralarm dort vom Intergalaktisches-Erbe-Fonds als „Gebiet außergewöhnlicher natürlicher Unwissenheit" ausgezeichnet worden. (Und ich bezweifle, dass meine Entdeckung der Erde irgendetwas daran ändern wird ...) Was die *Lonely-Universe*-Reihe angeht, erwähnen sie es nur einmal winzigklein in einer Quantumfußnote auf Seite 50777, Band 10321 („Gut, wenn man mal richtig schreien will, ohne dass einen jemand hört").

Mir scheint, dies könnte die größte Hürde für Ihren ansonsten makellosen Plan sein – denn es wird wirklich schwer, die Voyager als primitive und schreckliche interstellare Kriegswaffe zu dämonisieren, besonders, wenn sie sich jemand wirklich einmal näher anschauen sollte. Den Wikipedia-Archiven zufolge enthält sie nur eine Langspielplatte (eine barbarische Frühform, sogar noch vor der Kassetten-Ära in der Musiktechnologie) voll rührseliger Botschaften wie „Möge überall Frieden herrschen“ oder „Wir kommen in Freundschaft, wir wünschen eine friedliche Zukunft!“ [Siehe auch: **Botschaft_ins_All.mp3**]

Zusammengefasst: Niemand in der Galaxie wird sich von Aliens einschüchtern lassen, die sich wie der Inhalt einer Grußkarte anhören. [Die Botschaften gibt es in 55 verschiedenen Sprachen, Sie müssen also Erde_AllesGestammel_Sprachpaket.exe auf Ihrem Alien-Übersetzungsgerät installieren]

Wie wollen Sie außerdem den Umstand erklären, dass die Menschen die Sonde mit einer Karte von ihrem Sonnensystem und einer Wegbeschreibung zur Erde versehen haben? Sie scheinen sich eher für ein Picknick als für einen Krieg zu interessieren. Sie sind hochgradig naiv, klar, aber das geht wohl kaum als eindeutig aggressive Gebärde durch, oder? Ich glaube, dass sich das weder der splortanischen Öffentlichkeit verkaufen ließe, geschweige denn der intergalaktischen Gemeinschaft, die – daran brauche ich Sie sicher nicht zu erinnern – sich mit den Werten Splortas generell schwertut, Werten wie: *Ausbreitung, Ausbreitung, Ausbreitung und Einmischung.*

Schlussendlich sollten Sie wissen, dass aktuelle Trends der Erde darauf hinweisen, dass die Menschen nicht versuchen werden, ihre kosmische Quarantäne zu verlassen, Sir. Schließlich verwenden sie im Moment gerade einmal 0,05 Prozent der administrativen Ressourcen des Planeten („Steuern") auf die Entdeckung des Weltraums. Sie müssen zugeben, dass man das nicht gerade als ein astronomisches Investment in *alles, das je existiert hat*, bezeichnen kann, oder? Ihre Schwanzraketenflotte ist ziemlich blutleer.

Außerdem sind die Menschen lebenslustige Zeitgenossen und werden daher sicherlich beschließen, dass der Kosmos – in alle Richtungen nichts als Kälte, Dunkelheit und Leere – ein sinnloser Ort zum Leben und nicht der Mühe wert ist. Ich verwette den Knorpel meines Kniegelenks darauf, dass sie sich eher für die Virtual-Reality-Ganzkörpererfahrung entscheiden werden, mit Helmen, Anzügen und Wasserbecken, wo ihr Erkundungswunsch sich ganz auf den Download ewig neuer Inhalte und Vergnügen beschränken wird. Wenn alles läuft wie erwartet, sollten sie also problemlos dazu übergehen, zu einer dieser couchbasierten Arten zu werden, die man so häufig im Universum antrifft und die sich zufrieden in der Weltraumheimeligkeit ihres Planeten einrichten, bis ihre Sonne explodiert.

Was meinen Sie? Lassen wir alles so, wie es ist?

… *Bitte*?

**ANHANG:**

**Botschaft_ins_All.mp3**

**Erde_AllesGestammel_Sprachpaket.exe)**

**AN:** ZINFLUU (315)
**VON:** XARGE (318)
**BETREFF:** TROJANISCHE WELTRAUMAFFEN

Ich empfange Ihren Bericht mit begeisterter Gleichgültigkeit.

Sie argumentieren, wie es jemandem mit ihrer Intelligenz gebührt, aber ich bin nicht erst von gestern.

Ein „friedliches Raumfahrtprogramm“ gibt es nicht. Es war mir klar, dass Sie so dumm wie Schwarzbrot im Schwarzen Loch sind, aber Sie glauben doch nicht tatsächlich an diesen NASA-finanzierten „Zum Nutzen aller“-Propagandamist, oder? Wie leichtgläubig kann man sein? „Friedliches Raumfahrtprogramm“, ist der älteste Trick, den es gibt. Seien Sie nicht so furchtbar naiv, Zinfluu.

Das scheint wirklich zu hoch für Sie zu sein, lassen Sie es mich also auf ein Idiotenlevel runterbrechen: Wenn man den Winkel einer Rakete verändert, wird sie zum Geschoss. Dann braucht man nur noch einen Weltraumaffen hinein zu setzen und HERZLICHEN GLÜCKWUNSCH,

TERRORISTEN: Fertig ist ein Instrument zur kosmisch-biologischen Kriegsführung – ein geheimes Trägersystem für die einzigartig abgedrehten Weltraumbakterien der Erde.

Das Raumfahrtprogramm der Erde ist eindeutig nur eine verwirrende und ausgeklügelte Fassade, hinter der die Menschen dabei sind, die passende Technologie zu entwerfen, um ihre unbedeutenden, irren Fantasien auf immer bedrohlichere und aufdringlichere Weise umzusetzen. Darauf falle ich sicher nicht herein! Ich traue diesen Weltraumaffen nicht über den Weg. Glauben Sie mir, Zinfluu: Diese Weltraumaffen versuchen, die nötigen Technologien zu entwickeln, um sich zu bewaffnen und durch den Großen Filter in unsere zivilisierte Galaxie zu spazieren. (*Großer* Filter? Wohl kaum! Eher mittelmäßiger Filter, wenn Sie mich fragen.)

Und da wir gerade von *zivilisierter Galaxie* sprechen ... vermutlich sind Sie einfach zu jung und zu dumm, um sich daran zu erinnern: Das hier war einmal ein anständiges Universum, ein Kosmos mit ein wenig Selbstachtung! Vor Raumzeiten hätte die intergalaktische Gemeinschaft es sicher nicht erlaubt, dass irgendwelche Aliens in ihren primitiven und lächerlich-kindischen Raumschiffen einfach so in einem öffentlichen Raum wie dem Weltraum herumfliegen. Der Kosmos wird von Tag zu

Tag schlechter. Aber so ist das eben mit der Entropie!

Hoffentlich reicht schon allein die Form dieser Raketen aus, um die intergalaktische Gemeinschaft auf den Plan zu rufen. Die Menschen haben sicher vor, andere Planeten zu befruchten. Sie sollten sich wirklich schämen.

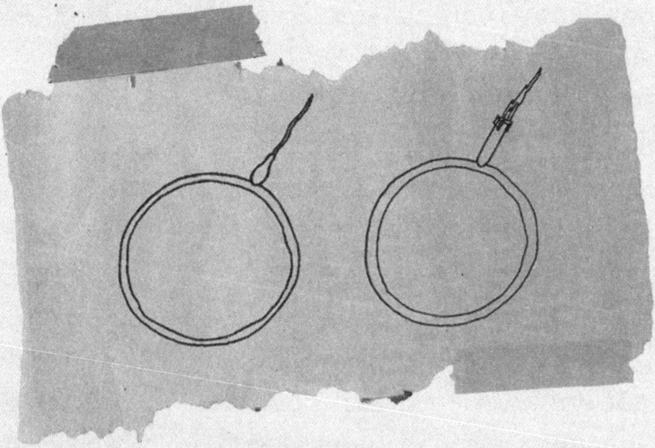

Es ist natürlich einfach, sich nun über sie lustig zu machen und mit dem Finger auf sie zu zeigen, wenn sie mal wieder in ihren wild bekritzelten T-Shirts umherschweben und ausschließlich ungeheuer begeisterte Forscher zu ihrer einzigen einsamen Raumstation senden. Aber keiner in der zivilisierten Galaxie wird es lustig finden, wenn die Weltraumaffen auf einmal vor der eigenen Haustüre auftauchen und ihre riesigen, verfluchten Waffen gegen jeden (und wahrscheinlich auch gegen sich selbst) richten.

Die intergalaktische Gemeinschaft darf nicht länger ignorieren, dass sie nicht entwickelt genug ist, um mit dem bedrohlichen Gespenst der Menschengrippe umzugehen.

Wie lange wird es wohl noch dauern, bis die Weltraumaffen Mittel und Wege finden, fehlgeleitete Vernichtungswaffen im gesamten Sonnensystem einzusetzen? Eine Galaxie? Eine galaktische Gruppe? Ein Supercluster? Eine Superclustergruppe? Hm? Ich will sagen, sie müssen doch bloß ihre Waffen nach außen richten, und sofort würden ihre militärischen Möglichkeiten um beunruhigende 100 Prozent ansteigen.

Sie haben sie gerade noch rechtzeitig gefunden, Leutnant. Oder besser gesagt: *Ich* habe sie gerade noch rechtzeitig gefunden, dank meiner außerordentlichen Führungsqualitäten. Nur schade, dass das nicht schon im voratomaren Zeitalter geschehen ist. Doch gar nicht auszudenken, was alles hätte passieren können, wenn wir sie noch später entdeckt hätten. Dann wären *sie* womöglich *uns* besuchen gekommen … Zwei Wörter reichen aus, um selbst dem radikalsten, kompromisslosesten Pazifisten eine Gänsehaut einzujagen: „*Interplanetarische Weltraumaffen*". Ewyukwa! Schon der Gedanke daran lässt mich erschaudern.

Und was sollte unsere Aufgabe sein, hohes Gericht? Einfach untätig herumstehen, Däumchen drehen und geduldig darauf warten, dass die Erdlinge ihre Technologien so weit entwickelt haben werden, bis sie ihre verrückte Vorstellung von selbstmörderischem Fanatismus in die zivilisierte Galaxie schießen können?

Nicht mit mir!

Wir müssen nur Ihren Bericht in Bezug auf das militärische Potenzial der Erde etwas aufmotzen. Sie wissen schon, hier und da „aus Versehen" ein paar extra Nullen hinzufügen (meinten Sie nicht vielleicht *„26 Trillionen Soldaten"*?) und ein paar hundert Lichtjahre abziehen, um ein angemessenes Dringlichkeitsgefühl zu vermitteln. Darüber hinaus sollten wir die ein oder andere Ihrer eher trockenen Aussagen etwas ausschmücken, wie beispielweise „Menschen sind eine sich selbst bedrohende Spezies" oder „die Erde könnte sich jederzeit in die Luft sprengen", um die Leserschaft etwas mehr unter Strom zu setzen. Mir persönlich würde folgendes gefallen: „ERDLINGE VERFÜGEN ÜBER DIE MÖGLICHKEITEN, GANZE ZIVILISATIONEN AUSZUMERZEN!!" oder „DIE WAFFEN DER Weltraumaffen KÖNNTEN EINEN PLANETEN INNERHALB VON 30 MINUTEN ZERSTÖREN!!" (Man muss ja nicht erwähnen, dass es dabei um ihren eigenen Planeten geht.)

Das fällt aber sowieso in den Zuständigkeitsbereich der CR-Abteilung. Vorerst sieht es so aus, als hätte ich die Imperiale Invasionsflotte genau zum richtigen Zeitpunkt verständigt. Wenn die Erdlinge nicht die Waffen niederlegen, kapitulieren oder überzeugend darlegen, dass die lächerlichen, von ihnen gebauten schwanzförmigen Raumschiffflotten „nur ein Scherz" waren, dann drücken sie eindeutig die klare Absicht aus, ein gut ausgestatteter, intergalaktischer, imperialistischer Gegner werden zu wollen.

Die Imperiale Invasionsflotte wird dann keine andere Wahl haben, als sich selbst zu verteidigen. Natürlich wird der Planet Erde zerstört werden, wahrscheinlich durch seine eigenen Atomwaffen, aber mein Ruf wird gerettet und das ist das Wichtigste. Mein Ruhm wird in diesem winzigen Kapitel der Geschichte der Galaxie zu 100 Prozent wiederhergestellt sein. Ich werde derjenige sein, dessen Mut und Gerissenheit das Universum vor der wachsenden Gefahr interplanetarischer Weltraumaffen gerettet hat, die zu einem späteren, undatierten Zeitpunkt hätte akut werden können. Ich war … ich werde … nein, ich *bin* unsere einzige Hoffnung. Ich, Kommandant Xarge. Ich bin großartig.

Zugegeben, die Situation ist nicht ideal. Die Erde wird zerstört, die Vereinigten Reiche von Splorta verlieren einen außergewöhnlich schönen Planeten und die Imperiale Invasionsflotte ist einmal quer durch die halbe Galaxie geflogen, nur um sich ein Feuerwerksspektakel anzusehen. Zumindest besteht jedoch die winzige Chance, dass ich keinen Ärger bekomme.

MEINE ENTSCHEIDUNG, DIE ERDE ZU ZERSTÖREN, FÄLLT IN DEN NÄCHSTEN SEKUNDEN:

5

4

3

2

1

JETZT!

Das war's! Die Entscheidung ist getroffen. Jetzt müssen wir nur noch auf die Ankunft der Imperialen Invasionsflotte warten, bis wir endgültig mit der materiellen Zerstörung der Erde beginnen können.

PIRES OF SPLORTA

UNITED EMPIRES OF SPLORTA

SCOUTING UNIT

THE INTERGALACTIC OUTREACH
AND PLANETARY ENSLAVEMENT DEPARTMENT

FILE: LT. ZINFLUU

REPORT: 002

TITLE: "HIVE MIND"

**AN:** ZINFLUU (315)
**VON:** XARGE (318)
**BETREFF:** SCHEISSE

Gerade habe ich eine Nachricht von Trorxex erhalten.

Scheinbar haben diese übereifrigen Angeber-Gut-Aliens des Erbärmlichen Zusammenschlusses der erbärmlichen Verlierer von der Erde erfahren und Trorxex irgendwelchen Unsinn über den Antrag bei der NAAOTA erzählt. Warum erfahre ich solche Sachen immer als Letzter? Stellen Sie sich vor: Jetzt ruft er die Imperiale Invasionsflotte zurück! Nun wird er sicher innerhalb der nächsten 2 bis 4 relativen Zeiteinheiten zu mir kommen, und er ist alles andere als entspannt, sowohl was seine Emotionen als auch seinen Verdauungsapparat betrifft.

Das ist mal wieder so typisch! Früher konnte eine Imperiale Invasionsflotte jeden x-beliebigen Planeten in der Größenordnung der Erde einfach so hochgehen lassen, ohne dass jemand Fragen gestellt hätte. Und heute? Keine Chance. Man muss jede noch so kleine Störung durch die Truppe anzeigen, erklären und begründen. Vorschriften, Vorschriften, nichts als Vorschriften. Ich sage Ihnen jetzt mal was: Wenn diese Weltraum-Hippies tatsächlich den Weltraum homogenisieren wollen, sollten sie sich mal bewusstmachen, dass sie das am schnellsten unter dem Schutzschild der obersten Feuerwaffe Splortas erreichen können. Was soll der ganze Quatsch mit Cosmic Relations, all das „einander achten“, „sich kümmern“, „Gesetze“ und „sie einhalten“.

Sie wissen, wann die ganze Bevormundung angefangen hat, oder? Als dieses VERDAMMTE AUFMERKSAMKEITSHEISCHENDE BASTARDGESICHT das Video über das Fungobungo-Massaker geleakt hat, und damit auch diese sensationell langweiligen Tabellen mit den 98 101 923 384 594 101 093 winzigen Fehlerchen in Sachen Planet Blerg, an denen wir am Rande beteiligt waren. Seitdem ist die CR-Abteilung Splortas mehr als zurückhaltend, wenn es um die öffentliche Nutzung der Imperialen Invasionsflotte geht. Ich persönlich verstehe das nicht. Ich gebe zu, die Kriegsprotokolle von Blerg sind vielleicht nicht die schmeichelhaftesten Aufzeichnungen, oder die aufregendsten, aber das Video war einfach *urkomisch*. Habe ich nicht recht? Oh GOTT, ich habe so gebrüllt vor Lachen, dass ich beinahe ein Nasenloch verloren hätte.

Leutnant, dieses Problem muss dringend gelöst werden, bevor Trorxex zurückkommt, ansonsten werde ich den Rest meines Lebens als Brei verbringen, der in ein paar Eimer passt, wenn Sie verstehen, was ich meine?

Zum Glück muss die Imperiale Invasionsflotte ein Dreipunkt-Vorbeischwungmanöver durchführen und hat bereits den interstellaren Raum erreicht. Es gibt keinen geeigneten Platz, um umzukehren, das heißt, wir haben glücklicherweise zumindest ein kleines, aber relatives Zeitfenster, um die ganze Sache in Ordnung zu bringen.

Es ist an uns – an mir und mir über Sie – das Universum erneut zu beschützen und die bakterienschleudernde, fleischbasierte Spezies formalisierter Albernheit von der Ausbreitung, der Ausbreitung und der Ausbreitung abzuhalten. Wir können und wollen derartige Arroganz nicht tolerieren. Was glauben die denn, wer sie sind?

Hier geht es um etwas viel Größeres als nur um „eine Aufbesserung unseres Rufes", „neue Perspektiven" oder „das Image". Die Weltraumaffen bedrohen unsere Lebensweise, mitsamt allem, was wir mit unseren schweren Herzen wertschätzen. Und es geht um unsere kosmische Verpflichtung, die Werte Splortas wie etwa Ausbreitung, Ausbreitung, Ausbreitung und Einmischung zu verbreiten.

Ehrlich gesagt gibt es nichts, was mich gerade weniger interessiert als die Frage, aus welcher Richtung die Winde des grünen Gewissens diese Woche wehen. „Entwaffnet sie", „befreit sie", „Regimewechsel", „Einmarsch", „Krieg", „Frieden", „gute Idee", „schlechte Idee", „planen", „nicht planen" – wen interessiert das schon? Darüber können sich Weltraumhistoriker austauschen, sobald ich, ich ganz allein, die Galaxie vor dem bedrohlichen Fahrplan für die Zukunft bewahrt habe, auf dem steht: „Intergalaktische Weltraumaffen ... demnächst auch bei Ihnen."

Die Erde muss zerstört werden, mit oder ohne die Hilfe der Imperialen Invasionsflotte. Das ist meine letzte, endgültige Entscheidung.

Leutnant, jetzt ist der Moment gekommen, an dem Sie Großes bewirken können. Im Windschatten meiner eigenen Größe. Sie haben meinen hierarchischen Segen, auf die Erde hinunterzugehen und zu berühren, was auch immer berührt werden muss, um die Frühwarnsysteme auszulösen und die Anführer der Erde dazu zu bringen, die Knöpfe zu drücken, die sie drücken müssen, um die Selbstzerstörungsfunktion auszulösen. Schreien Sie. Machen Sie den Menschen Angst. Werfen Sie mit Ananas um sich. Tun Sie, was auch immer nötig ist, um den Humanozid auszulösen.

Wenn Sie dann, durch den Einsatz Ihrer Existenz, alle Beweise meines Plans vernichtet haben, werde ich „zufällig über die Voyager stolpern“ und in Ihrer ewigen Abwesenheit nachweisen, dass diese wilden Aliens über ein geheimes Waffenprogramm verfügten, Unruhestifter und von Grund auf böse waren. Ihr Körper wird nicht mehr unter uns weilen, aber haben Sie keine Angst, die Legende von Leutnant Zinfluu wird als Sinnbild heroischer Führungsstärke in die galaktische Geschichtsschreibung eingehen.

Machen Sie sich um mich keine Sorgen, mir wird es buchstäblich großartig gehen.

**AN:** XARGE (318)
**VON:** ZINFLUU (315)
**BETREFF:** WIN-WIN

Ich grüße Sie, Kommandant Xarge,

mögen die Kriegstrommeln des Imperiums die funkigen Rhythmen ihres Herzens begleiten.

Ein wahrlich weiser und großzügiger Plan, Sir. Ihre Fähigkeit, so zackig selbstaufopfernde *und* zivilisationszerstörende Entscheidungen zu treffen, harmoniert mit der beneidenswerten Beweglichkeit Ihres kognitiven Vermögens. Menno, wie kommt es bloß, dass der Kosmos unsere Pläne immer durchschaut? Nur eine rhetorische Frage, ist ja klar. Wir wissen alle, dass Planet *Alles nur Roger* dahintersteckt. Dreckskerl!

Sicher wäre es apokalyptisch einfach, die Erde in Kohle zu verwandeln. Ich müsste nur ihre Frühwarnsysteme ausschalten, die ungefähr so idiotensicher sind wie die solarbetriebenen Schutzschilde von Fungobungo. Es gibt genügend Wege, um die verhängnisvollen 3-bis-

7-Minuten-Entscheidungscountdowns auszulösen, dazu braucht es überhaupt keine weiteren Ressourcen und gerade mal ein kleines Fünkchen Kreativität. Den wie erwähnt völlig frei zugänglichen Informationen aus den Wikipedia-Archiven zufolge hätten die Menschen selbst diese einmal fast in Gang gesetzt, *als der Mond aufgegangen ist.* Ein anderes Mal wegen *ein paar Schwänen.* Wieder ein anderes Mal wären sie beinahe in die Luft geflogen, als irgendwer vergessen hatte, das „So wird es für uns aussehen, wenn die anderen ihre Raketen abfeuern"-Übungsband aus dem Abspielgerät zu nehmen. (Kein Witz.) Dennoch habe ich eventuell einen klitzekleinen Einwand gegen den Plan, Sir. Selbst wenn ich natürlich niemals Ihre letzte, endgültige Entscheidung, die Menschheit von der Oberfläche des Kosmos verschwinden zu lassen, in Frage stellen würde. Dennoch veranlasst mich die brennende Sorge um Ihre Langzeitstabilität zu folgender Frage: Sind Sie sich wirklich absolut sicher, dass die Voyager-Sonde für die intergalaktische Gemeinschaft ein ausreichender Beleg ist, um eine *nichtlineare, präventive, zeitsparende, Vergeltung vorwegnehmende* Maßnahme zu rechtfertigen?

Natürlich haben Sie automatisch recht. Entschuldigung. Voyager ist zwar unbemannt, aber enthält selbstverständlich BILDER VON MEN-

SCHEN [siehe auch: **Voyager.jpg**]. Nudisten, wie es scheint. Und schauen Sie mal, einer von ihnen hebt den Arm ... vielleicht eine Drohgebärde? Ja, so kann man es interpretieren, nehme ich an, vor allem, wenn die Intergalaktische Gesellschaft ein Auge zudrückt.

Doch bitte vergeben Sie mir meine vorlaute Art. Ich entschuldige mich vielmals, Ihr Urteil in Frage gestellt zu haben.

Selbstverständlich fehlt es mir an der notwendigen Intelligenzstruktur, um Ihre Entscheidungen gänzlich beurteilen zu können – oder gar die von Trorxex, dessen Intellekt sagenhafte 10 Punkte höher liegt als meiner. Sie haben nur 7 Punkte Abstand zu ihm, daher können Sie selbstverständlich viel besser einschätzen, ob Trorxex eine Sonde mit den Klängen von Vogelgezwitscher und Bildern von Eis essenden Menschen als bedrohlich genug für die intergalaktische Ordnung empfinden wird, um den Start der Imperialen Invasionsflotte, das Wiederanlegen der Imperialen Invasionsflotte, die Vernichtung der Leben ermöglichenden, zwei Milliarden Jahre alten Biosphäre der Erde und das Verpuffen aller bekannten Ananasvorräte des Universums zu rechtfertigen. Ich vertraue selbstverständlich und ganz automatisch Ihrem Urteilsvermögen und bin mir sicher, dass Sie recht haben und Trorxex ebenfalls der Ansicht sein wird, „Vorsicht sei besser als Nachsicht“. Was weiß ich denn schon? Ihr Gehirn ist ein labyrinthischer Palast der Wunder. Meins hingegen ist im Vergleich dazu nichts als formalisierter Haferbrei. Heute Morgen habe ich doch tatsächlich Trorxex' Spitznamen vergessen!

Nennen die Splortaner ihn immer noch „Trorxex den Pedantischen, Zerstörer der Dummköpfe“? Ich bin mir zu 99,99 Prozent sicher, aber ich dachte mir, ich sollte mich in der Frage lieber an Sie wenden, falls ich mit meinen unterlegenen Hafer-Synapsen etwas vergessen haben sollte, einen neuen Spitznamen etwa, vielleicht so etwas wie „Trorxex der Barmherzige, der sich nicht um Einzelheiten schert“.

Wie auch immer Ihre Antwort lauten mag, Sir, ich beglückwünsche Sie zu Ihrer letzten, endgültigen Entscheidung. Sie war und ist ein bisher beispielloser Geniestreich: Durch die definitive, unumkehrbare Anordnung der Erdzerstörung haben Sie aus dem Nichts heraus eine Situation geschaffen, in der es beim Versuch, die Erde einzunehmen – sollte das irgendwie möglich sein – nichts mehr zu verlieren gäbe. Sie haben so die Möglichkeit einer Win-win-Situation geschaffen, indem Sie zunächst den Eindruck vermittelt haben, als würden Sie eine fehlerhafte Entscheidung treffen. Wie haben Sie das bloß wieder angestellt, Sir? Sie sind ein wahrer Strategiekünstler!

Wenn sich die Erde beim Übernahmeversuch in Kohle verwandeln sollte, werden alle Spuren des bedauerlichen Vorfalls mit zerstört und Sie können immer noch Ihren wasserdichten Plan zur (rückwirkenden) „Rettung der Galaxie“ darlegen, und das wird Ihnen auch noch ein gewaltiges Lob von Trorxex einbringen.

Doch wenn es allerdings einen Weg gibt, die Erde aus der Ferne einzunehmen, bevor die Imperiale Invasionsflotte eintrifft oder sich der Planet in Kohle verwandelt, könnten Sie nur gewinnen: einen Planeten, Ruhm, eine neue Welt im Alleingang erobert zu haben, und die Neuigkeit für Trorxex, dass seine legendären Darmverschiebungen zumindest nicht umsonst waren.

Ich erwarte also *für alle Fälle* noch Ihre letzte, endgültige Bestätigung. Es wäre schließlich unbesonnen meinerseits, einen so großartigen Vorgesetzten der Möglichkeit zu berauben, eine letzte, endgültige, alles abschließende Anweisung zu geben, insbesondere wenn er sich so deutlich auf der Gewinnerspur befindet.

Nehmen Sie sich ruhig Zeit, Sir. Der „Mond“ ist gar nicht mehr so langweilig, wie ich anfangs dachte. Erinnern Sie sich noch an die Fahne, von der ich Ihnen zu Beginn erzählt hatte? Ich habe sie abgenommen (sie war so … *schrill*), und dann wurde mir klar: Ohne diesen knalligen Fetzen ist die Stange ein ziemlich brauchbarer Schläger. Hier gibt es unzählige Krater UND man federt so schön. Wissen Sie worauf ich hinaus will? Der Mond ist einfach der beste Minigolf-Miniplanet, den man sich nur wünschen kann. Ich glaube, ich habe mich beim „Pitch & Putt" schon um drei Schläge verbessert.

---

**ANHANG:**

**Voyager.jpg**

Voyager.JPG

**AN:** ZINFLUU (315)
**VON:** XARGE (318)
**BETREFF:** MISSION IMPOSSIBLE

Ich empfange Ihre Nachricht mit unbeabsichtigten Leistenkrämpfen der Empörung.

Halten Sie mich wirklich für so unreif? *Die Erde einfach nur einnehmen*? Aus der Ferne? Ohne die Imperiale Invasionsflotte? Meinen Sie wirklich, ich würde glauben, die Weltraumaffen wären gleichzeitig raffiniert genug, um eine vollkommen undurchdringliche Verteidigung ihres Planeten zu entwickeln, UND dabei sorglos genug, irgendwie ihren Haustürschlüssel unter der Fußmatte liegen zu lassen?

Meinen Sie, ich würde nicht merken, was Sie vorhaben, Leutnant? Sie sind verärgert, dass ich Ihren kleinen Streichelzoo in die Luft jagen werde. Es tut mir ja sooooo leid, dass Sie Ihre klitzekleinen, kuscheligen, knuffigen, komischen Weltraumaffen vermissen werden, aber wissen Sie was? Ohne Preis kein Imperium!

Das hier ist der Weltraum. Werden Sie erwachsen!

Ganz offensichtlich ist Ihr Vorschlag dumm und falsch zugleich. Aber lassen Sie uns mal kurz so tun, als hätte ich genau dieselbe Idee gehabt – die dann natürlich klug und richtig gewesen wäre. Was würde wohl geschehen, wenn wir die Erde einnehmen würden ... aus der Ferne? Lassen Sie mich das weiterführen.

Das Schicksal des Weltraumaffen-Planeten ist sowieso besiegelt, richtig? Ja. Weil ich ein Genie bin. Stellen Sie sich folgendes Szenario vor: Was wäre, wenn es tatsächlich einen Weg gäbe, in dem vorgefertigten Rahmen aus formalisiertem Unsinn, der bereits auf der Erde vorherrscht, mitzuspielen? Können Sie mir folgen? Da die Erde sowieso zu Kohle werden wird, könnte selbst ein halbherziger Versuch, die Biosphäre des Planeten vor diesen Terroristen zu schützen, die üblichen Kontroversen über eine „nichtlineare, präventive, zeitsparonde, Vergeltung vorwegnehmende Maßnahme“ verhindern. Oh ja, ein Geniestreich. Ich habe auf diese Weise geschickt eine Situation konstruiert, in der es nichts zu verlieren gibt. Entweder nehmen wir die Erde ein, oder ich lasse sie einfach wie geplant in die Luft fliegen. Eine Win-win-Situation. Was auch immer passiert, jeder ist zufrieden.

Ich bin großartig.

Wenn wir allerdings so weiter vorgehen wollen, müssen wir uns absolut sicher sein, dass wir nicht in ein neues CR-Desaster verstrickt werden. Unsere Missgeschicke in anderen Teilen der Galaxie sind vielen noch sehr präsent. Wir können es uns einfach nicht leisten, dass die Erde so endet wie der verfluchte Planet Blerg. Ich stehe deswegen immer noch unter Beschuss, als wäre dieses Voll-Fiasko erst gestern geschehen, verstehen Sie? Es war heute Vormittag noch Thema. GOTT allein weiß, was die intergalaktische Gemeinschaft morgen dazu sagen wird.

Zum Donnerwetter noch mal, sie sollte mir dankbar sein. Ohne mich könnte sie noch nicht einmal sagen, wo sich Blerg überhaupt befindet. Und was ist der Dank dafür? Nichts. Diese Weltraum-Hippies haben keine Ahnung, wie schwer es ist, genügend bewohnbare Planeten für ein Super-Imperium zu finden, aber jetzt im Nachhinein ist natürlich jeder ein verdammter Experte auf diesem Gebiet.

Das ist so unfair. Wer konnte damals schon ahnen, dass das Absetzen des Königlich-Kaiserlichen Bastards von Blerg einen Bürgerkrieg zwischen den sonst so friedliebenden Aliens dort provozieren würde? (Zugegeben, ein paar Leute, Zivilisationen und Super-Imperien vielleicht schon, schön und gut.) Jetzt herrscht auf dem Planeten jedenfalls ein heilloses Durcheinander und ständig passieren neue Katastrophen, und natürlich bin ich an ALLEM schuld, nur weil ich nicht „alles perfekt geplant habe“. Oder „alles geplant habe“ oder „irgendetwas geplant habe“.

Jetzt mal ehrlich, woher sollte ich denn wissen, dass man so etwas *planen* muss?

Ist es etwa mein Fehler, dass das Universum sich nicht immer genauso verhält, wie man es erwartet? Hä? Als ich beim letzten Mal nachgeguckt habe, war alles noch im Quantenstadium und unbekannt.

Nun ja, ich fange besser gar nicht erst an. Senden Sie mir sofort einen Bericht über die ORGANISATORISCHEN SCHWACHSTELLEN der Erde, aber beeilen Sie sich damit.

Wenn es keinen Weg geben sollte, die Erde aus der Ferne einzunehmen, bevor Trorxex wieder zurück ist, statten Sie ihr selbst einen Besuch ab. Und damit meine ich keinen Ananas-Tourismus.

Eher einen Ausflug mit der Schlagkraft eines aufgehenden Mondes, oder von Schwänen oder einem „So wird es für *uns* aussehen, wenn *die anderen* ihre Raketen abfeuern“-Übungsband, wenn Sie mich verstehen.

(Ich meine damit: Sie sollen die Erde in die Luft jagen.)

**AN:** XARGE (318)
**VON:** ZINFLUU (315)
**BETREFF:** ZWEI SORTEN BLERGIANER

Ich grüße Sie, Kommandant Xarge,

mögen erschreckende Mengen an Zahnarztterminen zu Ehren Ihrer niemals ungerechtfertigten Grantigkeit verlegt werden.

Ja, Sie haben natürlich recht, Sir. Vielleicht wurde es kurz in der ersten Zeile des THE-WORLD-FACTBOOK-Eintrags über den Planeten Blerg erwähnt, aber die Schriftgröße war außerordentlich klein. Glücklicherweise wurde dieser Eintrag nun, dank Ihnen, überarbeitet, und er weist jetzt in fettgedruckten Großbuchstaben darauf hin, dass es ZWEI SORTEN BLERGIANER gibt: diejenigen, die glauben, der Königlich-Kaiserliche Bastard von Blerg stamme vom Groß-Groß-Groß-Groß-Groß-Groß-Großvater des Letzten Wahren Großartigen Echten Blergianers ab (Gegrüßet sei er!), und diejenigen, welche die Rechtmäßigkeit dieser Dynastie in Frage stellen und ihn für die Groß-Groß-Groß-Groß-Groß-

Groß-Groß*mutter* des Letzten Wahren Großartigen Echten Blergianers (Gegrüßet sei sie!) halten.

Kein Wunder, dass es Ihnen nicht möglich war, über Nacht Frieden durchzusetzen, wenn niemand Sie in einer entsprechenden Schriftgröße davor gewarnt hat, dass der gesamte Planet gerade erst eine blutige, tausendjährige Spaltung in Identitätsfragen überwunden hatte. Bevor der Königlich-Kaiserliche Bastard von Blerg angefangen hat, alle gleichermaßen zu töten, um sie aus der Welt zu schaffen, wurde in dem uralten und bitteren Streit um das wahre Geschlecht ihres heiligsten Propheten noch viel mehr blergianisches Blut vergossen. Geschlechterkampf ist einfach immer problematisch.

Wie dem auch sei, ich bin froh, Ihnen berichten zu können, dass es sehr viel einfacher ist, die Erde zu überfallen. Bei den von Ihnen so geistreich in Auftrag gegebenen weiteren Nachforschungen habe ich eine erstaunliche und passenderweise sehr nützliche Entdeckung gemacht. Es sieht tatsächlich so aus, als gebe es in dem planetarischen Verteidigungssystem die größte Lücke, die mir je untergekommen ist. Überaus schade, dass ich das nicht schon früher festgestellt habe. Der Planet Erde scheint wahnwitzig leicht einnehmbar zu sein.

Wie Sie bereits wissen, Sir, gibt es keinen zentralen für die Erde verantwortlichen Computer. Das ist aber noch nicht alles: Es gibt auch keinen Menschen, der allein dafür zuständig ist. Ihre Zivilisation ist nicht in einer effizienten, geradlinigen Form intelligenzhierarchisch geordnet, wie es sonst üblich ist – oben die klügsten, unten die dümmsten. Im Gegenteil: Ihre Zivilisation ist kaum organisiert!

Die Menschen haben keinen starken Anführer mit einem kohärenten Plan und ein paar Raumfahrtambitionen, sondern lassen die Entscheidungen von einer vollkommen unkoordinierten, in sich widersprüchlichen und verrückten Mischung aus religiösen, politischen, kulturellen, militärischen und ökonomischen Institutionen treffen, die einander völlig willkürlich mit ihren Meinungen bombardieren. Man kann nicht einfach zu den Menschen hingehen und sie freundlich darum bitten, zu ihrem Vorgesetzten gebracht zu werden. Nein. Aber das ist nicht mal das Verrückte an der Sache.

Beinahe alle diese Organisationen funktionieren nach einem bizarren Organisationsprinzip, das ich das nach oben zulaufende Verantwortungsdreieck der zunehmend geringeren Anzahl von Menschen, die sagen: „Du machst das", nenne. Nicht zu vergleichen mit einer normalen, sinnvollen Hierarchie ... es ist ein Dreieck. Kein auf der Spitze stehendes Dreieck ... Ein vollkommen gewöhnliches Dreieck, dessen Spitze nach oben zeigt. (Ja, wirklich!)

Fast alles in ihrer Kolonie ist so organisiert. Regierungen, Banken, Unternehmen, Geheimdienste, Armeen, Schulen, Gefängnisse, Zoos, Kirchen, Zeitungen, Flip-Flop-Fabriken, Fräulein Frida Fröhlichs freundlicher Feinkostladen und vieles mehr. Sie alle verfügen über dieselbe verdächtig leicht einnehmbare Organisationsstruktur: das Dreieck. Völlig unabhängig davon, wie groß, seltsam oder unüberschaubar die Einheiten sind, sie werden durchweg von zunehmend weniger Menschen geleitet, je wichtiger sie für die Weltherrschaft sind. Ich meine, keinen Computer als Anführer zu haben, ist eine Sache. Das ist immerhin schrullig, altmodisch und irgendwie süß, genauso wie sein Gehirn zu benutzen, um sich an Dinge zu erinnern. Aber können Sie sich den mutigen Geist und den charmanten Optimismus einer Spezies vorstellen, die ohne jegliches Anzeichen von Ironie erklärt: Je größer und wichtiger eine Entscheidung ist, desto *weniger Köpfe* sollen darin involviert sein. So was kann man sich doch nicht mal ausdenken!

Die Auswirkungen sind erstaunlich! Die schiere Anzahl der Menschen mag auf dem Papier einschüchternd wirken, ist dabei jedoch nur ein hinterlistiges Täuschungsmanöver, um mögliche

Feinde von der unverfälschten, eigentlichen, echten Wahrheit ihrer Welt abzulenken: *So gut wie niemand trägt die Verantwortung*. Der Planet verfügt nur über kleine Inseln von Wichtigkeit und Wohlstand, die mit Waffen umgeben sind, um die unwichtigen, nicht wohlhabenden Leute draußen zu halten. Die Erde tendiert aufgrund ihrer Wirtschaftsregeln und -regelmacher dazu, Arschloch-Gemeinschaften klar und unverhältnismäßig zu bevorteilen. Diese Konzentration von Macht und Reichtum erzeugt das unangenehme Gefühl, die Wirtschaft werde zentral (und von Arschlöchern) gesteuert. Das sieht man sofort. Auf dem Papier sind die drei größten Branchen des Planeten Öl, Waffen und Drogen – nicht Lebensmittel, Wohnraum und Medizin. So gut wie alle Rohstoffe, alle Macht und alle Entscheidungsgewalt konzentrierten sich auf eine klitzekleine Menschenmenge. Auf nur 1 Prozent der Menschheit, wie es scheint. Noch verrückter ist jedoch, dass die übrigen 99 Prozent an dieser Situation nichts auszusetzen haben. Diese 99 Prozent schmeißen Straßenfeste, Paraden und Festivals und jubeln: „Wir sind die 99 Prozent." Es ist seltsam.

Als Bewunderer der umfangreichen Einmischungsstrategie Splortas werden Sie sich sicher gern an die höchste politische Maxime des Planeten BRUMP erinnern, die da lautet:

„WENN DU DENKST, DASS DU DIE VERANTWORTUNG ÜBERNEHMEN KANNST ... DANN KANNST DU DAS AUCH!“ Tja, um die Einnehmbarkeit der Erde mal kosmisch einzuordnen: Ich habe gerade das THE-WORLD-FACTBOOK aktualisiert und die Erde kommt auf der Kawaagaschow-Skala der Einnehmbarkeit direkt nach dem Planeten BRUMP.

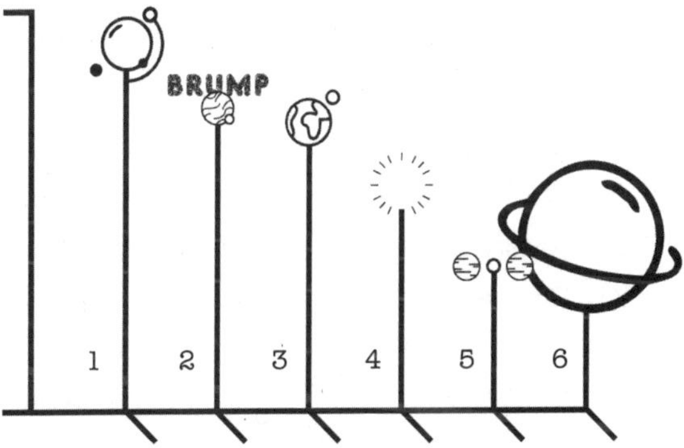


1. Planet Fungobungo (Beispiellose militärische Dummheit)
2. Planet BRUMP („Wenn du denkst, dass du die Verantwortung übernehmen kannst ... dann kannst du das auch!“)
3. Planet Erde (Dreieckige Hierarchien)
4. Die gesamte Glaswelt Z'a'nkors (Problematische Regierungstransparenz)
5. Unbenannt (zuvor „Die Stolze Zweifachmond-Republik Troogon 9“/0,3-Millisekunden-Gedächtnisschwund auf Spezieslevel)
6. Planet *Alles nur Roger* (Kritische Unterbevölkerungskrise)

Selbst wenn es uns naiv erscheint, halten die Menschen (zumindest 1 Prozent von ihnen) ihre besonders lächerliche Form einer Hierarchie für ein entscheidendes Werkzeug im Werkzeugkasten ihrer Spezies, was Sinn ergibt, wenn man bedenkt, dass sie noch keinen vernünftigen Weg gefunden haben, mehr Leute dazu zu bringen, wirklich etwas zu tun anstatt nur etwas tun zu wollen. Ohne jemanden mit einem beeindruckenden Hut, der plant, organisiert und im Namen aller seiner Menschen Sanktionen erlassen kann, wären die Menschen nicht in der Lage, ihr Sofa lange genug zu verlassen, um eine Straße zu bauen oder ein Raumschiff an einen sinnvollen Ort zu schicken.

Es ist eine aufreibende, die gesamte Spezies betreffende Struktur aus Schuld, Verantwortung, Verweigerung von Verantwortung, Befehlen, Arbeit, Bestrafungen, Pflichten, Gemecker, Geschrei, Regeln, Pfefferspray, Disziplinierungstreffen und großen Leuten, die kleinen Leuten befehlen, „ins Bett zu gehen".

Wir müssen also einfach die höchste Schicht der menschlichen Kolonie auf der Erde – ein winzig kleiner Anteil der Gesamtbevölkerung – beeinflussen, ablenken oder durch Führungspersönlichkeiten ersetzen, die splortanischen Interessen gegenüber wohlgesonnen sind (Interessen wie beispielsweise: „DAS IST UNSER

PLANET, BITTE SOFORT VERLASSEN"). Dann können wir vom Mond aus zuschauen, wie unser guter Wille sich langsam bis in die unterste Schicht ausbreitet, da jeder aus Höflichkeit mitmacht. Fantastisch!

Oder anders ausgedrückt: Es sollte einfach werden, die peinlichen Zweibeiner zu versklaven. Wenn wir die Spitzen ihrer Dreiecke unterwandern und auf ihre regelbesessene Infrastruktur zugreifen, dann können wir unsere eigenen Regeln für den Planeten aufstellen und über ihre Vollstreckungsoffiziere, die mit ihrem tatü-tata-tatü-tata herumfahren, dafür sorgen, dass auch der Rest der Menschheit mit uns übereinstimmt.

Man könnte auch sagen: Alles was wir benötigen, um die Erde einzunehmen, ist schon vorhanden und wartet nur darauf, von uns angeeignet und unseren spezifischen Bedürfnisse angepasst zu werden. Die Erdoberfläche ist auf unsere Art freundlicher Vorherrschaft eingestellt, sie ist komplett von einem Netz aus übernahmebereitem Unsinn und der damit einhergehenden naiven menschbasierten Infrastruktur überzogen.

**AN:** ZINFLUU (315)
**VON:** XARGE (318)
**BETREFF:** ALIENS, DIE SICH SELBST EROBERN?

Ich empfange Ihren Bericht mit gutmütiger Verachtung.

Wollen Sie mir weismachen, wir könnten die Menschen durch *sie selbst* erobern?

Ich hatte wirklich nicht erwartet, dass wir noch einmal eine „Zivilisation" finden würden, die mit dem Planeten Fungobungo um den äußerst begehrten Titel „Aussichtsloseste Spezies des gesamten Universums" konkurrieren würde. Und dennoch erzählen Sie mir, die idiotischen Bewohner der Erde hätten *absichtlich* die gesamte Macht des Planeten konzentriert und vorab zentralisiert, um sie dann dem Universum anzupreisen wie ein Fußbad oder eine Rückenmassage? Ha!

Meine Eingeweide sind dank dieser Neuigkeiten wohlig warm.

Warten Sie nur, bis Trorxex, die Vereinigten Reiche von Splorta und die intergalaktische Gemeinschaft erfahren, dass ich und nur ich ganz allein eine revolutionäre Alternative zu dem Space-Invader-Modell der planetarischen Übernahme entwickelt habe. Das wird sie umhauen! Warum sollte man auf laute Raumschiffe zurückgreifen, wenn das Revolutionsgenie Kommandant Xarge das Ziel auch erreichen kann, weil er auf Millionen hilfsbereiter, leichtgläubiger Idiotenaliens zurückgreifen kann, die eh schon auf der Gehaltsliste ihres eigenen Planeten stehen? Ich bin in jeglicher Hinsicht furchtbar beeindruckend.

Das könnte genau der CR-Sieg werden, den ich brauche.

Wenn wir durch Mensch-gegen-Mensch-Kämpfe die Erde einnehmen, könnten wir nicht nur unsere Windschutzscheibe sauber halten, sondern vielleicht sogar einen Ruf als *die Guten* aufbauen, indem wir den gesamten, traditionell eher unappetitlichen Teil des „Regimewechsels" durch die freundlicheren, vertrauten Gesichter der lokalen Ordnungskräfte vollziehen lassen. Es könnte die wichtigste militärische Selbstzerstörung werden, seit die Fungobungoaner einseitig das Konzept des Eigenbeschusses revolutioniert haben und mit beidseitigen Waffen zum Weltraumkrieg aufgetaucht sind.

Die Menschen müssen über irgendeine sensationell zuverlässige Methode verfügen, die garantiert, dass nur die besten Köpfe ganz oben ankommen. Aber keine Sorge, damit kommen unsere Technologien schon zurecht.

Für mich klingt es so, als sei endlich die Zeit gekommen, die neue Bewusstseinskontroll-Ausrüstung zum Einsatz zu bringen! Von hier an übernehme ich, Leutnant. Version 8.4 ist gerade fertig geworden – eine alle Sinne umfassende neue Erfahrung ... binauraler Klang ... taktile Rückmeldung. Es fühlt sich wirklich so an, als sei man im Inneren der Alien-Köpfe, während man mit ihnen spricht. Die Gehirnströme, die man dabei beobachten kann, sind mittlerweile beeindruckend. Durch Alufolie hindurch ist natürlich immer noch alles ein bisschen verschwommen, aber selbst dann funktioniert es ganz okay, wenn man das Video ausmacht.

Selbstverständlich rechne ich damit, dass diese besten Köpfe der Erde eine Herausforderung für das Biohacking sein werden. Also fange ich mit einem dummen Exemplar an und arbeite mich dann langsam hoch. Senden Sie mir die Koordinaten von irgendeinem albernen Weltraumaffen, an dem ich die Ausrüstung ohne Risiko testen kann, und lassen Sie uns die Sache endlich in Angriff nehmen!

**AN:** XARGE (318)
**VON:** ZINFLUU (315)
**BETREFF:** JEDER EIGNET SICH

Ich grüße Sie, Kommandant Xarge,

möge das Schicksal Ihnen immer wohlwollend in die Nahrung niesen.

Sie überschätzen die Menschen, Sir, aber das ist wohl kaum Ihr Fehler. Sie würden sie selbst dann überschätzen, wenn Sie davon ausgingen, dass die Menschen ihre Mächtigen auswählen, indem sie ein Schwein mit Fett einreiben, es in einer Schule freilassen und die Atomwaffen an denjenigen überreichen, der es zuerst fängt.

Das ist es auch, was ihr Selbstzerstörungssystem so wirkungsvoll macht: die eingebaute Unvorhersehbarkeit des „menschlichen Irrtums“. Das System selbst ist mechanisiert, computergesteuert und automatisiert, ganz normal also. Es ist in jeder Hinsicht so sicher und ausgeklügelt, wie es die gutgemeinten Ansätze irdischer Wissenschaft eben erlauben. Doch dann kommt dieses einzigartige menschliche

Etwas ins Spiel. Dieses *je ne sais quoi*. Sie nehmen die Abschusscodes, schauen sich um und sagen: „Okay. Wer ist diese Woche der Präsident von Fast-Überall? Ach so, ja, Wally McFumblebricks wird auf die Codes achtgeben."

Das Einzige, worauf sich die Menschen bei der Zuweisung von Amtsgewalt bisher geeinigt haben, ist, dass auf jeden Fall irgendjemand die Macht haben muss, wodurch es zumindest jemanden gibt, auf den man mit dem Finger zeigen, den man beschuldigen und (wenn es gut läuft) feuern kann, wenn mal wieder alles schiefgegangen ist. Darüber hinaus ist allerdings alles möglich. Die Menschen haben wirklich nicht besonders viele Gedanken darauf verwendet, wie man die klügsten verfügbaren Köpfe findet, denen man Macht, Einfluss und all die teuren Sachen anvertrauen kann, die *bumm* machen!

Es gibt lauter Wege, um an einen der besten Jobs zu gelangen: Manchmal muss man nur einen Beliebtheitswettbewerb gewinnen, mit dem richtigen Nachnamen geboren werden oder den zuletzt Verantwortlichen umbringen. Beeindruckend leichtsinnig. Ich habe mich noch nicht für meinen Favoriten im Umgehen des Intelligenzrankingprozesses entschieden, aber es gibt auf jeden Fall ein paar besonders heiße Kandidaten: kommunistische Diktaturen (Überzeuge jeden von der Idee des Teilens. Teile selbst nicht),

Zwei-Parteien-Demokratien (Überzeuge 51 Prozent der Leute, dass du weniger schlimm bist als die anderen) und Monarchien (Komme aus der Vagina der Person, die eine besonders glitzernde Kopfbedeckung trägt).

Egal, was für leichtsinnige verwirrende oder willkürliche Methoden, einem x-beliebigen Kopf Amtsgewalt zu verleihen, Ihnen auch einfallen mögen – Sie können darauf wetten, dass die Menschen sie bereits zu einer Kultur erhoben haben, für die sie ihr Leben geben. Das ist es, was den Planeten am Laufen hält. Man könnte die Kreativität, den Enthusiasmus und die Unbekümmertheit der Konsequenz beinahe bewundern, mit der sich die Menschen in Wahlen, Revolutionen und eine geistesvergessene Gehorsamkeit gegenüber der letzten Neuauflage einer schon immer schlechten Idee („MAKE PLATZ XY GREAT AGAIN") stürzen.

Durch diese bewusst skurrile Organisationsstruktur ist der Planet ausgesprochen anfällig für „Verschwörungen". Da eine Verschwörung erst mal nur eine geheime Übereinkunft über etwas ist, in das die meisten Leute nicht eingeweiht sind und das sie vermutlich auch nicht gutheißen würden, ist die konzeptuelle Überschneidung mit dem gewöhnlichen Alltagsfunktionieren fast aller dreiecksförmigen institutionellen Hierarchien ziemlich groß.

Im Großen und Ganzen könnten die Menschen in keiner geeigneteren Welt leben, um Paranoia zu entfachen, sie zu fördern und zu nähren. Sie schauen zu den Anführer-Menschen ihrer Kolonie auf und sehen immer weniger Köpfe, die hinter einer Mauer aus immer stärker bewaffneten Menschen immer geheimnisvoller sprechen. Im Grunde genommen ist ihre gesamte Zivilisation eine Verschwörung in Zeitlupe. Es ist kein Wunder, dass kaum ein Tag auf der Erde vergeht, ohne dass jemand mit einem Tamburin in der Hand jemand anderen mit einer Aktentasche in der Hand beschuldigt, eine interdimensionale, gestaltwandelnde, Hologramm tragende, bewusstseinsverändernde Weltraumechse zu sein. Und selbst die bodenständigsten Erdlinge lassen nur selten eine Möglichkeit ungenutzt, einen Politiker mit Eiern zu bewerfen, nur für den Fall.

Während manche Erdlinge glauben, die Verwaltung der Erde werde von allessehenden, allmächtigen Eliten, die im Geheimen agieren und vom Chaos profitieren, gesteuert, versucht der Großteil dieser Leute auch nur, sich vor der grauenhaften Wahrheit zu schützen: Sie sind auch nur Menschen, die in Büros sitzen, E-Mails versenden, E-Mails versehentlich löschen, Paninis essen und gähnen, während niemand so genau weiß, was eigentlich vor sich geht.

Trotz der Mittelmäßigkeit auf höchster Ebene muss ich Ihnen allerdings mitteilen, dass die jetzige Generation unserer Bewusstseinskontroll-Technologie in Militärqualität auf der Erde nutzlos sein wird.

Wie es das Protokoll vorsieht, habe ich vor Ihrem eigenen heroischen Einsatz eine Stichprobe durchgeführt und die Technologie sicherheitshalber am unglaubwürdigsten aller Zeugen des Planeten getestet. Es gab jede Menge Anwärter für diese Rolle, wie Sie sich sicher vorstellen können. Statistisch gesehen gibt es auf der Erde eine unvorstellbar hohe Anzahl an paranoiden Menschen. Das ist keine Spekulation, nein, es liegen gut dokumentierte Daten vor, die von den Regierungen der Erde abgefangen wurden [siehe auch: **Alle_Daten_aller_Zeiten.zip**]. Wir können uns wirklich glücklich schätzen, dass die gesamten Nachrichten, Anrufe, GPS-Daten und Bankbewegungen aller Bewohner der Erde bereits überall und zu jeder Zeit aufgezeichnet und unbegrenzt aufbewahrt werden. Ansonsten hätten wir uns kein so klares Bild davon verschaffen können, wie viele paranoide Leute es auf der Erde tatsächlich gibt. Es ist eine wirklich erschreckend hohe Anzahl.

Eine Metadatenanalyse zum Suchbegriff „Leute, die sich verschwörungstheoretische Webseiten ansehen“ zeigte eine ungeahnt hohe Zahl von Menschen, die „Kontakt“ zu „Aliens“ hatten. Das ist ermutigend, wenn man bedenkt, dass der Großteil dieser „Kontakte“ mit „Aliens“ darin zu bestehen scheint, eine riesige Portion Sehnsucht mit einer ebenso großen Portion Leichtgläubigkeit zusammenzubringen. Man muss tatsächlich in beiden Bereichen besonders weit fortgeschritten sein, um das verschwommene Foto einer fliegenden Radkappe, eines Mülleimerdeckels oder einer Frisbeescheibe als ausreichenden Beweggrund dafür anzusehen, sich völlig aus der Gesellschaft zurückzuziehen und unter dem Usernamen „glauben1chtderwahrheit_79“ 10.000 Stunden seines Lebens in einem Onlineforum zu verbringen.

Im Fall glauben1chtderwahrheit_79 hat die Bewusstseinskontroll-Ausrüstung in meinem Raumschiff leider nichts bewirken können. Und dieses Mal hat es nichts mit dem Gelände, der Schwerkraft oder der Lufthülle zu tun – ständig tauchte folgende Nachricht auf: „Die Biohacking-Technologie ist nicht rückwärtskompatibel mit derart veralteter Gehirntechnologie. Bitte rüsten Sie die Zielhardware nach.“

Aber wenn Sie es selbst noch einmal probieren möchten, hier sind die Koordinaten des Testmenschen: 34.0232° N, 84.3616° W. Seine Gehirnstromfrequenz liegt bei 7,5-12,5 Hz, und das Passwort für sein Unterbewusstsein lautet

*Ninja Todesstern Lego Papa.* Versuchen Sie ruhig Ihr Glück. Er hat mehrfach falschen Alarm geschlagen, machen Sie sich also keine Sorgen, wenn Sie Erfolg haben. Wenn er hier eine Verschwörung wittert, wäre das nicht mehr als eine Nadel im Nadelhaufen des Schwachsinns. IVöllig paranoid. Sie sollten sich auch mal seine Festplatte ansehen: Angefüllt mit tollen Ideen, wie man Erde einnehmen könnte – Operationen unter falscher Flagge, Berieselung mit Chemikalien vom Himmel, Versklavung durch den Geldfluss.

Wirklich zu schade, dass wir ihn nicht biohacken können. Der Verstand einer paranoiden Person ist wie ein unverschlossener Lob- und Beschwerdekasten. (Kein Wunder, dass immer nur die wirklich paranoiden Leute entführt werden, in ihnen stecken so viele großartige Ideen!)

---

**ANHANG:**

**Alle_Daten_aller_Zeiten.zip**

**MenschenDieSichVerschwörungstheoretische-WebseitenAnsehen_Beobachtungsliste.zip**

**ParanoiderTyp_Festplatte.zip**

**AN:** ZINFLUU (315)
**VON:** XARGE (318)
**BETREFF:** IST ES EINE FALLE?

Ich empfange Ihren Bericht mit leicht erhöhtem Halsschwabbeln.

Wow, das ist wirklich eine verrückte Form der Gesellschaftsorganisation. Da wird einem mal wieder bewusst, wie glücklich man sich schätzen kann, Splortaner zu sein, nicht wahr? (Nicht *Sie* persönlich, eher der Rest von uns, der über Ihnen steht.) Wir schulden Flongon-1000 eine ganze Menge Anerkennung für die Etablierung der unumstößlichen Logik der festgelegten Intelligenzhierarchie. Überlegen Sie mal: Bevor Flongon-1000 bemerkte, dass die äußeren Nervenenden der splortanischen Gehirnkügelchen auf dem Gesicht zählbar waren, gab es in Splorta Hunderttausende Jahre lang einen Hintern an Hintern ausgefochtenen Wettringkampf um die Macht. Die Splortaner wussten bis dahin nicht einmal, dass die Nervenenden der Gehirnkügelchen existierten. Verrückt, oder? Ab dem Tag, an dem Flongon-1000 zu unserem unbestreitbaren Anführer wurde, hat er uns vor weiteren Kämpfen bewahrt. Und das, obwohl die Leute gerade ihn einen pickligen Idioten geschimpft hatten. Was für Dummköpfe!

Und wo wir gerade beim Thema Dummköpfe sind: Sobald ich versuche, mich mit diesem Typen zu verbinden, der ein bisschen zu besessen davon zu sein scheint, wie Hochhäuser in sich zusammenstürzen, bekomme ich auch jedes Mal diese Nachricht, „Biohacking" sei nicht „rückwärtskompatibel" mit der Intelligenz der Weltraumaffen. Ist das zu glauben? Ich soll Version 3.1 (!) verwenden. Und wo soll ich die bitte schön herbekommen? Von einer Weltraummüllkippe, unter dem abgereicherten Uran und den Protomolekülen? Lächerlich.

Na wunderbar, noch mehr gute Neuigkeiten, die ich der Imperialen Invasionsflotte mitteilen muss. *Entschuldigt bitte, Jungs, ihr werdet leider weder die besten Waffen der Galaxie noch die brandneue Generation an Bewusstseinskontroll-Ausrüstung in Militärqualität einsetzen können.* Ich kann doch nicht eine Gruppe von frisch ausgebildeten splortanischen Drohnenpiloten auf Menschen ansetzen, oder? Zumindest nicht ohne eine Gebrauchsanleitung und ausgeprägte Sehnsucht nach antiker Maschinerie.

Was für ein Albtraum!

Ich weiß Ihren amüsanten Humor durchaus zu schätzen, Leutnant, auch wenn er in der Landschaft Ihrer ewigen Idiotie nur selten aufblitzt. Die Vorstellung faschistischer Weltraumgeckos in Fleischverkleidung, die in der irdischen Kindergartenzivilisation die Strippen ziehen und über einen „Masterplan“ verfügen, ist völlig absurd. Können Sie sich das etwa vorstellen? Interdimensionale, gestaltwandelnde, Hologramm tragende, bewusstseinsverändernde Weltraumechsen? Die im Geheimen in einer *Noch nicht einmal Typ 1 Zivilisation* die Strippen ziehen? Bei den Tagessätzen? Ich schnaube voller Hohn und Heiterkeit.

Natürlich würden es die sich selbst bemitleidenden Weltraumaffen lieber sehen, wenn eine großartige, verrückte, allumfassende Mega-Verschwörung hinter ihrer „Zivilisation“ stünde. Das würde zumindest bedeuten, dass irgendwer irgendwo *einen Plan* hätte. Oh, wie angenehm muss es sein, wenn man sich an irgendwelche lahmen Entschuldigungen klammern kann, weil die eigene „Zivilisation“ kosmisch so irrelevant ist, und dabei gleichzeitig die gesamte Spezies von jeder Verantwortung freispricht. Der Weltraum gehörte mal den Erwachsenen, Zinfluu: Zivilisationen, die ihre Lage erkannten, die Ärmel hochkrempelten und sich an die Arbeit machten. Nicht so wie diese selbstgerechten

Grünschnäbelplaneten, die zu rechtfertigen versuchen, warum sie sich den ganzen Tag nicht von der Stelle bewegen und nur noch mit ihren Virtual-Reality-Brillen auf die Welt starren: „Tja, was kann man schon machen, nichts aber auch gar nichts, das liegt schließlich alles an der *intergalaktischen Verschwörung*, Mensch." Das macht mich krank. Unvorstellbar krank.

Und wenn wir gerade bei *intergalaktischen Verschwörungen* sind – können wir sicher sein, dass das hier kein abgekartetes Spiel ist?

Das System der Erde sieht nämlich besonders verdächtig aus ... oder etwa nicht? Ich gucke mir gerade ein paar von den Weltraumaffen an, die das Sagen haben, und, nun ja, wie soll ich es ausdrücken, Zinfluu? Es ist einfach alles so *daneben*, oder? Manche dieser Anführer-Auswahl-Wettbewerbe hören sich einfach total lächerlich an. Als wäre das gesamte System vom Ende aus entwickelt worden, beim Arschloch angefangen. Wie soll man so einem System denn Vertrauen schenken? Was, wenn das alles nur ein abgekartetes Spiel ist?

Wenn die Erde ihr WLAN unverschlüsselt gelassen hat, kann es da nicht vielleicht sein, dass der Planet *Alles nur Roger* sich in ihr Netz gehackt hat, um unsere freie und transparente Übernahme zu stören? Wir sollten nicht vergessen, dass er immer noch diesen treulosen Anti-

Splorta-Whistleblower in seinem Gästezimmer einquartiert hat, nur um es uns heimzuzahlen. Ein echter Technikfreak, dieser Verräter. Nicht dass ich nachher mein Eroberungsdenkmal der Erde fertig entworfen habe, bloß um herauszufinden, dass Planet *Alles nur Roger* das Ganze inszeniert hat, um uns eins auszuwischen oder den Kontakt mit diesem aufmerksamkeitsheischenden Bastardgesicht zu vermeiden.

Oder stecken vielleicht doch die Blergianer dahinter? Nicht umsonst heißt es: Traue niemals einem Blergianerx, bevor du nicht mit ihm oder ihr oder xier ins Bett gegangen bist. Haben sie also etwas damit zu tun? Oder gar der Planet Fungobungo?

Mein GOTT, was rede ich da? Alles Unsinn. Natürlich waren sie es nicht ... die sind alle zu dämlich, um in einer Fabrik für Fallen eine Falle zu organisieren. Oh Mann, ich glaube, mir ist das ganze Gerede etwas zu Kopf gestiegen. Gut. Okay. So. Schluss jetzt mit diesen verrückten Verschwörungstheorien, Leutnant. Das lenkt mich alles nur von den wirklich wichtigen Dingen ab: Wir müssen unbedingt darüber reden, wie wir die Erde über ihre mächtigsten Institutionen einnehmen können, ohne dass die Weltraumaffen etwas davon mitbekommen.

Wenn die Bewusstseinskontroll-Technologie nicht funktioniert, wie sollen wir den Planeten dann aus der Ferne einnehmen? Uns fehlen die nötigen Ressourcen, um eine ausreichende Menge an interdimensionalen, gestaltwandelnden, Hologramm tragenden, bewusstseinsverändernden Weltraumechsen anzuwerben.

Ich erwarte Ihren BERICHT mit einem biologischen Mangel an Ruhe.

**AN:** XARGE (318)
**VON:** ZINFLUU (315)
**BETREFF:** GLOBALE VERSCHWÖRUNG

Ich grüße Sie, Kommandant Xarge,

mögen süßlich duftende Wellen partiellen Gedächtnisverlustes die mit Bedauern bedeckte Küstenlinie Ihrer Seele reinwaschen.

Ich sage es gerne noch einmal, Sir: Ihr festverankerter Verfolgungswahn ist einfach bewundernswert und ermutigend zugleich. Man spürt sofort die klaren Vorteile, die ein derart von jeglicher Beweislast unbeeindrucktes Führungspersonal für alle Splortazugehörigen hat. Nein, Sir, *technisch* gesehen handelt es sich hier nicht um eine Verschwörung, auch wenn natürlich unverkennbar ist, wie der irdische Anführer-Auswahl-Wettbewerb Ihre Verfolgungswahndrüsen angeregt hat.

Häufig ist die Erklärung, warum die Erde manchmal so wirkt, als sei sie „vom Ende aus entwickelt worden, beim Arschloch angefangen", jedoch viel einfacher: Die Anführer-Auswahl-

Wettbewerbe folgen *Regeln*, und diese Regeln werden von *Anführern gemacht*, weshalb Anführer-Auswahl-Regeln meist wie folgt aussehen: „Der nächste Anführer wird mein Sohn, dann dessen Sohn, dann dessen Sohn, dann vielleicht ein Mädchen, dann ihr Sohn usw., ansonsten …" oder aber „Hau ab, ich habe Waffen" oder „WER MIR JETZT AM MEISTEN GELD GIBT, WIRD MEIN NACHFOLGER!"

Stellen Sie sich einmal vor, Sie wären ein Erdling am unteren Ende des Dreiecks und hätten folgende Idee: „Wäre es nicht vielleicht besser, es gäbe keine Atomwaffen, die rund um die Uhr auf unseren Planeten gerichtet sind und von Menschen bedient werden, die ein großes Aufmerksamkeitsbedürfnis haben?" Tja, um diese Machtsituation zu verändern, müssten Sie selbst an der Macht sein. Aber um an die Macht zu kommen, müssten Sie von denen, die an der Macht sind, Macht übertragen bekommen. Der einzige todsichere Weg, um Macht von denjenigen, die an der Macht sind, übertragen zu bekommen, ist jedoch, denen, die an der Macht sind, vorab zu versichern, dass man ihnen niemals die Macht streitig machen wird. Ganz schön clever.

Selbst wenn die Menschen zufällig mit der Zeit in ein zuverlässiges System hineinstolpern, ist es doch sehr viel einfacher und lustiger, dieses zu *ruinieren*, anstatt es *aufzubauen*.

Vielleicht lässt sich diese Dynamik besser in splortafreundlichem Vokabular verstehen: Stellen Sie sich einmal vor, dass nach jedem splortanischen Ultimativen-Hintern-an-Hintern-Wettringkampf der Gewinner die Regeln des Ultimativen-Hintern-an-Hintern-Wettringkampfs neu schreibt, damit sie seinen persönlichen Ultimativen-Hintern-an-Hintern-Wettringkampf-Stärken und -Strategien entsprechen, um somit seine Gewinnchancen bei jedem folgenden Ultimativen-Hintern-an-Hintern-Wettringkampf zu erhöhen. So funktionieren tatsächlich selbst die *besten* Anführer-Auswahl-Wettbewerbe auf der Erde. Sie ruinieren sich selbst durch ein selbstherrliches Arschloch nach dem anderen.

Es gibt viele unangenehme Wesenszüge (wie Arroganz, Narzissmus, Gier, Bestechlichkeit, chronische Unehrlichkeit), die aufstrebenden Führungspersönlichkeiten bei der Machtgewinnung dienlich sind. Anders ausgedrückt: Gerade zweifelhafte Gestalten, ruchlose Egozentriker, gierige Verräter, bösartige Opportunisten und andere Charaktere, die viel zu verlieren haben, werden nach oben gespült. Wir brauchen keine Bewusstseinskontroll-Technologie. Da Menschen nur durch Menschen regiert werden, haben sie die oberste Schicht ihrer Gesellschaft mit Vertretern ihrer Gemeinschaft bevölkert, die für viel ältere Formen der Offline-Manipulation anfällig sind, wie beispielsweise Verwirrung, Korruption, Schmeicheleien und Drohungen. Es ist sogar noch eine Form von preiswerter, irdischer Bewusstseinskontroll-Technologie verfügbar, die sowohl mit den Technologien Splortas als auch denen der Menschen vereinbar ist: Erpressung.

Menschliche Wesen können ganz einfach durch die Bedrohung ihres Rufes manipuliert werden, und gerade bei den reichen und mächtigen Erdlingen kann man sich darauf verlassen, dass sie sich im Privaten gerne mit unanständigen Dingen beschäftigen.

Wir haben wirklich Glück gehabt, die Erde zu genau dem richtigen Zeitpunkt gefunden zu haben, um solch einen Plan auszuführen: Eine Epoche, in der sich noch viele der Anführer-Menschen um ihr Ansehen in der Öffentlichkeit sorgen, während sie sich gleichzeitig ohne Sinn und Verstand durch das Internet bewegen, willkürlich Dinge anklicken und dabei als Passwort „Passwort" verwenden.

Dadurch macht sich die Führungsriege der Erde ziemlich angreifbar: Sie hat jede Menge Geheimnisse, da auf ihrem Heimatplaneten all diese Geheimnisse gesammelt und ohne WLAN-Verschlüsselung an einem geeigneten Ort gespeichert werden. Wissen Sie, worauf ich hinaus möchte? Wir müssen nur die entsprechenden Skandale, E-Mails und Internetbewegungen in

**Alle_Daten_aller_Zeiten.zip** suchen, sie in das angehängte Erpressungsmusterformular übertragen und sollten dann in der Lage sein, aus der Ferne eine Splorta wohlgesinnte Übergangsregierung aus Menschen einzusetzen – vollkommen anonym, versteht sich. Kein Mensch wird je wissen, dass wir unsere Finger im Spiel hatten. Das wird ein Spaß!

Natürlich müssen wir an das Langzeitverhalten der Anführer denken, die wir erpressen. List und Verschwiegenheit haben dabei oberste Priorität. Die kleinste Nachlässigkeit, die zur Offenbarung unserer Identität als Nicht-von-der-Erde-stammende Lebensform führt ... und alles könnte umsonst gewesen und die Erde in Kohle verwandelt sein. Sie sind einfach zu sensibel, niedlich und unschuldig für eine derart abrupte Horizonterweiterung, die Armen.

Wir dürfen auch nicht vergessen, dass die Menschen sich Hunderte Millionen Jahre lang in kosmischer Quarantäne befunden haben. Die meisten Menschen denken, sie seien ganz alleine (!) im Universum. Sie besitzen zwar Teleskope und Taschenrechner, sind aber scheinbar noch nie auf die Idee gekommen, beides zu kombinieren. Das ist schon eigenartig, erklärt aber zumindest, warum sie sich überhaupt nicht schämen, Nacktbilder von sich in den interstellaren Raum zu senden.

Tatsächlich glauben manche ihrer Anführer, dass die 92 Milliarden Lichtjahre der Sterne, die sie momentan mit ihren süßen kleinen Teleskopen beobachten können, liebevoll um sie gehüllt sind (wie die Blätter eines Kohlkopfes). Andere Anführer halten diese Sterne für bewusst angeordnet, jedoch nicht im Rahmen einer grollen Marketingstrategie von BRUMP, sondern um den Menschen unverbindliche Vorhersagen über die folgende Woche zu ermöglichen – basierend auf dem Tag, an dem sie aus der Reproduktionsklappe ihrer Mutter gefallen sind. Manche der Anführer glauben fest daran, das Zentrum des Universums zu sein, und damit auch der Höhepunkt kosmischer Intelligenz (!) Können Sie sich das vorstellen? Jedes Mal, wenn die Menschen versuchen, eine Schere vor dem Spiegel zu benutzen, muss es eine heldenhafte Menge an Energie kosten, um an dieser Weltanschauung festzuhalten.

Das heißt für uns jedoch, dass jeder Erpressungsversuch mit höchster Vorsicht und Präzision ausgeführt werden muss. Der Planet strotzt derart vor antikem Aberglauben, gewöhnlichem Selbstbetrug und der klickbasierten Gerüchteküche im Internet, dass es eine Gefahr für die Stabilität der menschlichen Kultur bedeuten könnte, wenn sie auch nur von unserer Existenz erfahren. Diese erste Begegnung mit Intelligenz könnte zu einer globalen Massenhysterie führen. Ja, tatsächlich besteht sogar eine berechtigte Furcht vor einer Massenpanik, wenn man sich anguckt, wie hysterisch die NASA jedes Mal reagiert, wenn sie irgendwo ein bisschen Eis entdeckt, das sich anderswo als an der Rückwand ihres Kühlschranks befindet.

Angesichts der heiklen Situation, dass ihr Planet in einer atomaren, sprachgesteuerten Sprengstoffweste steckt, sollte die Vorhersehbarkeit der irdischen Anführer zu unseren höchsten strategischen Prioritäten zählen. Da ihre gestörten Köpfe die gesamte Biosphäre als Geisel halten, haben wir wohl keine andere Möglichkeit. Atomwaffen und Nihilismus sind eine Mischung, die besser nicht auf die Probe gestellt werden sollte.

Wir sollten daher mit einem noch nie dagewesenen Ausmaß an Vorsicht, List und Geheimhaltung vorgehen. Schon die Verbreitung über Funkwellen einer einzigen planetarischen Mitteilung über einen „von Splorta initiierten Schlag" könnte katastrophale Auswirkungen auf unser intergalaktisches Image haben. Wir können wirklich nicht noch eine Demütigung im Stile des Planeten *Alles nur Roger* in Kauf nehmen. (Das soll keine Anschuldigung sein.)

## ANHANG:

**Erpressung_Musterformular.pdf**

**Erpressung_Musterformular.pdf**

Sehr geehrte [reiche/mächtige Person],

wir wissen, was Sie mit ______in der ______ um ______ angestellt haben. Das ist sehr unanständig, da ___________. O je, o je. Das ist sicher nicht das, was automatisch im Google-Suchfenster erscheinen soll, wenn man Ihren Namen eingibt, oder? Nein, natürlich nicht. Deshalb schlagen wir Ihnen vor, niemals zu___ und _____ zu tun ______ und niemals ____, außer Sie kennen sich mit einem Quontonium-Brennstab aus, wenn dieser in Ihrem _______ ______. Behalten Sie diese Übereinkunft für sich und warten Sie auf weitere Anweisungen. Seien Sie nicht traurig! Es ist doch lange Zeit alles gut gelaufen!

Mögen positive Umfragewerte warm und wohlig auf Ihre hochdotierte Rente oder was auch immer Ihnen wichtig ist ausstrahlen.

Gezeichnet

„Die kleinen grünen Männchen“ (Das ist nur ein Bluff, wir sind Menschen wie Sie)

**AN:** ZINFLUU (315)
**VON:** XARGE (318)
**BETREFF:** OPERATION VALIUM-STREIK

Ich empfange Ihren Bericht mit chronischer, gutgemeinter Nachlässigkeit.

Meinen Sie die Invasion in der *Alles nur Roger*-Bucht? Erinnern Sie mich bloß nicht daran. Wessen Idee war das eigentlich? Ihre, nehme ich an. Wie auch immer, ich kann mich nur zu gut an diese Demütigung erinnern. Als wir versucht haben, über das Militär, den Geschenkeladen, den Strand, die Regierung zu unterwandern, und der *Roger Kurier* dann alles aufgedeckt hat ... unangenehm. Das hat wirklich einen planetarischen Empörungssturm ausgelöst. Roger war außer sich. Und ist es heute noch. Wir können uns wirklich glücklich schätzen, dass er gleichzeitig die prestigeträchtige Auszeichnung „Rogerianischer Journalist des Jahres" erhalten hat, wer weiß, was sonst passiert wäre? Die Beziehungen zwischen Splorta und Roger hätten sich möglicherweise nie wieder auf ihren aktuellen Stand der offenen Feindseligkeit erholt.

Das ist vermutlich auch der Grund, warum Roger diesem aufmerksamkeitsheischenden Bastardgesicht Asyl gewährt. Ich kann mir zumindest keinen anderen vorstellen. Seine Begeisterung für langweilige, Milliarden Seiten umfassende Drahtberichte und die darin ausgeführten völlig uninteressanten Einzelheiten über die Herstellung der Super-Imperium-Wurst vielleicht? Seine Leidenschaft für Redefreiheit? Seine Leidenschaft für Reden generell? Sicher nicht, er verabscheut jegliche Art der Interaktion. Das zeigt doch nur, wie antisplortanische Ressentiments geschürt werden, wenn man die Regierung eines Planeten zu Fall bringt oder versucht, diese zu Fall zu bringen, oder zumindest halbherzig versucht, dies zu tun und dann mittendrin aufgibt, weil es einfach zu anstrengend ist.

Das bereitet mir an Ihrem Plan wirklich Sorgen, Leutnant. Wir haben es nicht einmal geschafft, auf dem Planeten *Alles nur Roger* unentdeckt zu bleiben – wie sollen wir dies auf einem Planeten vollbringen, der so bevölkerungsreich ist wie der der Weltraumaffen? Für ein Überwachungssystem sind 7,49 Milliarden Weltraumaffen – das muss sogar ich zugeben – ziemlich beeindruckend. Das macht 14.980.000.000 vernetzte Ohren, Augen und Nasenlöcher, die jedes Mal, wenn sich ihr feuchter, grüner

Planet um sich selbst dreht, 179.600.000.000 gelebte Stunden Inhalts aufzeichnen. Und außerdem scheinen diese verdammten, dreckigen Weltraumaffen wirklich überall zu sein, in allen Ecken und Winkeln ihres gesamten Heimatplaneten. Als gäbe es keinen Flecken auf der Erdoberfläche, den sie unbesiedelt lassen wollen, weder Kältesteppen noch Wüsten, Vulkane, Höhlen oder Vororte. Überall wimmelt es nur so vor Wachposten.

Wie stehen also die Chancen, ein Perspektivisches Aggregationsnetzwerk dieser Größe zu umgehen? Ihre Schwarmintelligenz muss darüber Bescheid wissen, was zu jeder Zeit in jeder Ecke des Planeten vor sich geht. Man kann wohl davon ausgehen, einem beeindruckenden Bedrohungsabwehrsystem gegenüberzustehen, wenn man sich bewusst macht, dass sie absichtlich ihre gesamte, normalerweise unverzichtbare Kommunikationsinfrastruktur völlig ungesichert in der Umlaufbahn deponiert haben – für die eigene Spezies unerreichbar, jedoch anfällig für die einfachsten Attacken von Weltraum-Stocher-Vorrichtungen.

Offensichtlich stellen die Tausende von Satelliten nur die erste Schicht eines umfassenden Sicherheitsapparates dar, denn ansonsten würde es sich um einen unendlich gigantischen Patzer handeln. Selbst der kleinste Auslöser könnte bereits eine Kettenreaktion von Kollisionen hervorrufen, die ihre gesamten Emoticons verschickende Kultur innerhalb von dreißig Minuten vom Netz nehmen würde.

Können wir die gesamte Schwarmintelligenz nicht einfach vor der Invasion außer Gefecht setzen und das daraus entstehende Zeitfenster aus Panik, Verwirrung und Kaffeepausenlangeweile nutzen, um ihre Atomwaffen zu zerstören?

**AN:** XARGE (318)
**VON:** ZINFLUU (315)
**BETREFF:** INFORMATIONSKRIEG

Ich grüße Sie, Kommandant Xarge,

möge angenehm gespeicherte Hintergrundstrahlung warm und unerwartet aus einem Kleidungsstück entweichen.

Eine fantastische Idee, Sir, die nur von jemand aus Ihrer Geistesposition stammen kann.

Auch wenn es sich bei einem plötzlichen Kommunikationsblackout sicherlich um eine leicht durchführbare Strategie handelt, wäre dies viel zu gefährlich: Wie bereits erläutert, drehen die Anführer der Erde in schwierigen Zeiten noch leichter durch als sonst, und es gibt nichts auf der Welt, was die Menschheit katastrophaler finden würde als einen Ausfall des Internets. Es käme innerhalb kürzester Zeit zu Massenhysterien, wenn die gesamte Zivilisation in die bedrohlich finsteren Zeiten um das Jahr 1994 zurückversetzt würde. Müsste auch nur ein einziger Mensch mit Zugang zu einem Atomkoffer während des Frühstücks beim Blick in die Sozialen Netzwerke häufiger als sechs Mal auf „Aktualisieren“ klicken, wäre der Planet mit allerhöchster Wahrscheinlichkeit bis zur Mittagszeit unbewohnbar.

Dennoch sollten wir eine Weltraum-Stocher-Vorrichtung in Reichweite haben, falls unsere Verschwörung durch das Nachrichtensystem des Planeten aufgedeckt werden sollte. Das erscheint mir jedoch glücklicherweise nicht besonders wahrscheinlich, da die Menschen ein anderes System entwickelt haben, um ihre Schwarmintelligenz in Schwung zu halten – und zwar ein wirklich dämliches System.

Der eigentliche Job eines internen Kommunikationssystems sollte es sein, die kollektive Aufmerksamkeit der Kolonie auf wichtige Belange zu richten, doch die Erdlinge, die für eine verantwortungsvolle Aufgabe zuständig sind, haben eine überdrehte, leicht ablenkbare, selbstbeweihräuchernde und aufmerksamkeitsheischende Persönlichkeit. Deshalb haben sie einen Stuhl bekommen, auf den sie sich stellen können, und ein Megafon, um allen mitzuteilen, dass es um etwas Wichtiges geht. Die Menschen nennen das „die Medien“. Stellen Sie sich ein fungobungolisches Kleinkind vor, das in einem splortanischen Kontrollposten herumrennt und völlig überzuckert mit einem Löffel auf einen

Topf einschlägt – das sollte Ihnen eine ungefähre Idee davon vermitteln, warum die Menschheit bisher keine einheitliche, den Weltraum bereisende Zivilisation ist.

„Die Medien“ sind keine sachliche Stimme im kollektiven Ohr der Spezies, die flüstert: „Jetzt aber, Leute, es ist an der Zeit, endlich ernst zu machen und einen Plan B für unsere Zivilisation zu schaffen. Team 1: In die Raumschiffe, Team 2: Weltraumkartendienst, Team 3: Essen und Trinken bereithalten. Und jetzt, los geht's!“ Nein, so ist es nicht. „Die Medien“ sind im Gegenteil wie ein chaotischer, kakofoner und dissonanter Instrumentenhaufen, in dem jeder seine eigene Melodie spielt.

Erlauben Sie mir, das zu erläutern: Nicht die Kolonie zahlt für die „Nachrichten“, nein, „Werbende“ zahlen für die Aufmerksamkeit der Kolonie *zwischen* den „Nachrichten“. „Was gerade geschieht“ ist also nicht das Produkt, sondern nur der Köder in einer Falle. Tatsächlich jedoch finden sich die Menschen jeden Tag um dieselbe Zeit ein, schauen mit ihren müden und hungrigen Köpfen pflichtbewusst auf die Autoversicherungen, Cheeseburger und alle möglichen Glitzerdinge, die plötzlich auf den Bildschirmen auftauchen, während sie stolz darauf sind, wie sehr sie sich doch für Dinge interessieren, die rein gar nichts mit ihnen selbst zu tun haben.

Irgendwie süß. Eigentlich in jedem Augenblick, in dem die Menschen nicht gerade angesichts des *Todes einer berühmten Persönlichkeit* durch einen *politischen Skandal* in einer *Wirtschaftskrise* im *Krieg* während eines *Hurrikans* Angst, Panik und Verwirrung empfinden, taucht auf einmal irgendwer in einem Kartoffelkostüm auf und singt: „NIEMAND ~ LIEBT ~ DICH ~ WENN ~ DU ~ KEINE ~ KARTOFFELCHIPS ~ KAUFST. *KARTOFFELCHIPS*!"

Darüber hinaus haben sich „die Medien" auf einen bestimmten Typ Mensch (jung, alt, leichtgläubig, selbstgefällig) spezialisiert und umschmeicheln diesen, so dass die Werbeleute ihre glitzernden Dinge zielgerichteter präsentieren können. Die einträglichste Methode ist es, den Menschen genau die Art Nachrichten zu präsentieren, die sie sich wünschen, was zu dem wunderbaren Effekt führt, dass dem Zuschauer ein endlosen Strom neuer Daten zugeführt wird, während er gleichzeitig denkt: „Ach ja. Super. Wunderbar. Ich hatte wie immer recht."

So kommt es, dass wütende Zeitungen wütende Artikel drucken und enttäuschte Zeitungen enttäuschte Artikel und sie sich so nur sehr selten über ihre eigenen Nachrichten wundern müssen. Auf diese Weise kommen sie nicht in die Situation, darüber nachzudenken, ob die Welt vielleicht doch ein wenig komplexer sein könnte, als sie in ihren Überschriften suggerieren: „EXKLUSIV: WIR SIND GUT! SIE SIND BÖSE! DU BIST KLUG!"

Diese absolute Offenheit für so manche Formen des Missbrauchs ist eins der speziellen Kennzeichen der menschlichen Verrücktheit. Da die Schwarmintelligenz es vorzieht, unterhalten (Das macht Spaß!) statt aufgeklärt (wie anstrengend!) zu werden, ist das, was die Menschen lesen wollen („Haha, keine Angst, wir werden nicht eingenommen … Guckt euch diese Brüste an!"), plötzlich tausend Milliarden Übertreibungen mehr wert als das, was sie am besten lesen sollten, um die Angelegenheiten des Planeten zu ordnen („Aliens mittleren Einkommens drohen die Erdoberfläche zu gentrifizieren, warnen überaus langweilige Finanzleute mit Teleskopen"). Daher gilt: Auch wenn unsere Verschwörung, um die Erde einzunehmen, als ziemlich brisante Neuigkeit gelten könnte, zeigen meine Nachforschungen, dass wir vermutlich die Aufmerksamkeit der Menschen im entscheidenden Moment ablenken können, indem wir uns die einzigartig menschliche Eigenart zunutze machen, wichtige Nachrichten zugunsten von „Meldungen über einen Welpen mit Schluckauf, der mit einer huttragenden Drohne an eine Katze geliefert wird" auszublenden.

Kein Wunder also, dass die Erdlinge ständig

verwirrt sind. Wenn der Planet ein Gehirn wäre, dann eines, das schon jede Menge Verletzungen abbekommen hat. Darüber hinaus scheint es abgesehen von ein paar äußeren Anzeichen keine Hinweise darauf zu geben, dass sich die noch immer in Kinderschuhen steckende Schwarmintelligenz weiterentwickeln könnte. Die menschliche Kolonie nutzt offensichtlich keinerlei Art von Perspektivischem Aggregationsnetzwerk.

Stattdessen scheint die Kolonie sich aus 7,49 Milliarden unverbundenen Einzelansichten zusammenzusetzen, die völlig unabhängig voneinander funktionieren und das den ganzen lieben langen Tag lang. Abgesehen von acht lächerlich verschwendeten Stunden, welche die Menschen inmitten eines Kissenbergs in einem töricht aussehenden Verjüngungszyklus verbringen. Ohne Perspektivisches Aggregationsnetzwerk verpassen sie jeden Tag 179.600.000.000 Stunden gelebter Erfahrung und bekommen als Ersatz nur eine kurze Zusammenfassung der gruseligsten Stellen. *Krieg! Skandal! Krise!* (Kaufen Sie dieses Bier) *Tod! Tragödie! Lügen!* (Das macht Sie sympathisch.)

Hoffentlich erklärt das die menschliche Unfähigkeit, sich zusammenzureißen: Die Bewohner der Erde haben tatsächlich keine zusammenhängende Vorstellung davon, was außerhalb der sagenhaft limitierten, persönlich zugeschnittenen Wirklichkeitsvariationen in jedem einzelnen dieser verrückten Köpfe vor sich geht. Die „Wirklichkeit“ ist auf der Erde jedem selbst überlassen. Sie ist nicht mehr als ein den ganzen Planeten umfassender Basar für Meinungen, Annahmen, Träume, Täuschungen, Gerüchte, Spekulationen, Propaganda, Fehlinformationen, Vorurteile, Ideologien und Leute, die manchmal und nicht gerade überzeugend das Wort „Quantum“ bei einer Abendgesellschaft verwenden.

Wie zu erwarten war, begegnen die Menschen dieser Situation mit ihrer gewohnten Reife und einem kühlen Kopf: Sie ziehen sich in ihr Baumhaus zurück, verschließen die Tür und schreien: „ZUTRITT FÜR ALLE OHNE PASSWORT VERBOTEN.“ Menschen verbringen ihre Zeit so oft es geht in isolierten Sippschaften, in denen alle gleich klingen und die gleichen Überzeugungen teilen, und klammern sich in diesen Gruppen an Gerüchten fest, die von kollektiven Metaphern durchzogen sind. Ständig heißt es *wir, sie, wir, sie, wir, sie*, immer und überall.

Wie tief diese Milliarden von subjektiven Kaninchenbauten auch sein mögen, zu manchen Zeiten treffen sie nie aufeinander. Man sollte annehmen, es gäbe ein paar Grundbausteine, auf die sich die gesamte Spezies einigen könnte (die Erde ist rund; die Erde ist alt; Elvis lebt nicht mehr auf der Erde, da er nach Hause zurückgekehrt ist) … falsch gedacht. Jedes kleinste bisschen Schwachsinn bekommt bei den Erdlingen eine faire und gleichberechtige Chance. Der Lärm dieser lächerlichen Subjektivität ist ohrenbetäubend.

Soweit die Menschen über eine „Schwarmintelligenz“ verfügen, ist diese unterteilt und reich an natürlichen Vorkommen an Verwirrung, Voreingenommenheit, Verfolgungswahn und Leichtgläubigkeit – sie ist bereit für die Ausbeutung durch Splorta!

Anders gesagt, unser Plan A sollte das Gegenteil eines durch Satelliten gesteuerten, zur Selbstzerstörung führenden Anstupsers sein: nicht Stille, sondern Lärm. Wir sollten das bunte Treiben der menschlichen Kultur ausnutzen, um Fehlinformationen zu streuen, die heimischen Meinungen zu spalten und zu erobern und Verwirrung stiftende Nebelschwaden aus überzeugend aufbereitetem Unsinn zu kreieren, die wir bei jeder Gelegenheit in alle Richtungen ausstoßen können.

Wie wir wissen, verfügt die Erde über ein planetarisches Intranet-Netzwerk, über das Milliarden Menschen als Teil der *Weltweiten Sammlung ganz verschiedener in einer Art Netzwerk miteinander verbundener Dinge (abgekürzt* „WSgvieANmvD“) direkt miteinander verknüpft sind. Nur so war es mir möglich, alle Geheimnisse des gesamten Planeten herunterzuladen: indem ich mich in eine Verbindung der Interplatzionalen Raumstation eingeklinkt habe. Man könnte nun denken, dass das Intranet der Erde (das sie dämlicherweise „Internet" nennen, auch wenn es mit keinem anderen Planeten verbunden ist) der menschlichen Kolonie bei diesem Problem helfen könnte. Von außen weist die Technologie erstaunlich viele Gemeinsamkeiten mit einem Perspektivischen Aggregationsnetzwerk auf, doch die Menschen scheinen es so programmiert zu haben, dass es nur ihre eigenen Realitäten widerspiegelt (!).

Es gibt jedoch noch etwas Erstaunlicheres als die Tatsache, dass sich jeder zufällig vorbeikommende Alien in das WLAN des Planeten einwählen und somit in das gesamte Wissen der Spezies eindringen kann.

Wir können es nicht nur lesen, nein, sondern auch bearbeiten. Die gesamte Informations- und Kommunikationsinfrastruktur des Planeten ist völlig unverschlüsselt (!). Wir haben Zugriff auf die gesamte Mediensphäre. Wir können hochladen, was immer wir möchten, die Menschen als Individuen oder Gruppen ins Visier nehmen und nichts und niemand kann uns stoppen. Es gibt weder Gatekeeper noch Zugangsvoraussetzungen. Und es kommt noch besser: Es ist durch und durch anonym. Jeder kann sich einfach einloggen und sich äußern. Selbst die Wikipedia-Archive (!) können ohne Weiteres bearbeitet werden. Ich bin *jetzt gerade* dabei, und keiner ahnt etwas. Die Möglichkeiten, sich in die gesamte Erzählstruktur der Erde einzumischen, sind gigantisch!

Wir können die Erde hacken! Wir können ihre Wirklichkeit aus der Ferne verändern! Wir können entscheiden, was ihrer Wahrnehmung nach gerade los ist, können die Kontrolle über die gesamte(n) Geschichte(n) der Erde übernehmen, ihre Spezies in ein endloses, sinnloses Onlinegebrabbel verwickeln. Das Intranet des Planeten ist geradezu eine Brutstätte für mögliche Fehlleitungen: Es bietet Ablenkung für die Neugierigen, Verwirrung für die Skeptiker, Misstrauen für die Ängstlichen und Gleichgültigkeit für die Leichtgläubigen. Was immer wir auch mit der Erde vorhaben, niemand wird jemals erfahren, was wir getan haben, und dann werden die Wolken der begrenzten Aufmerksamkeit der Schwarmintelligenz weiterziehen.

Wir können uns nicht nur einmischen, ohne dass jemand es bemerkt, wir können sogar richtige Verschwörungen hinter ausgedachten verstecken und ausgedachte hinter richtigen. Wir müssen uns noch nicht einmal davor fürchten, entdeckt zu werden, da die Menschen, die am ehesten in der Lage sind, uns zu bemerken, in dieser Woche bereits neunzehn Verschwörungen aufgedeckt haben, die alle dem Höchsten Freien Orden der „Illuminatenbank des Innersten Sanktums des uralten Freimaurerbundes der Clinton Foundation“ zuzurechnen sind. Der Rest des Planeten ist entweder zu verwirrt, zu abgelenkt oder zu gelangweilt von dem alltäglichen Unfug, um etwas von einem „von Splorta veranlassten Schlag“ mitzubekommen – falls dieser nicht gerade direkt vor ihren Augen geschieht und dadurch die freie Sicht auf den Smartphone-Bildschirm behindert.

Es ist der Hammer – mit ihrem Intranet als unsere Waffe könnten wir uns offen auf ihren Marktplatz stellen und wären dabei trotzdem durch die stets für Verwirrung und Ablenkung sorgende Verschwörungskultur geschützt. Wenn wir nur die richtigen Menschen aussuchen [siehe auch: **MenschenDieSichVerschwörungstheoretischeWebseitenAnsehen_Beobachtungsliste.zip**], und sie behaupten lassen, es gäbe „eine Verschwörung von Aliens, die die Weltherrschaft übernehmen wollen, ICH HABE IHRE DOKUMENTE GELESEN“, würde der Großteil der Erdlinge sich aufgrund der anderen verschrobenen Ideen dieser Menschen genötigt sehen, diese zutreffenden Warnungen aus Gewohnheit oder Sorge um die langfristigen Auswirkungen auf den eigenen News Feed zu ignorieren.

Durch genügend gezielte Einmischung könnten wir sie vermutlich davon überzeugen, ihren Planeten aufzugeben und dabei zu glauben, das Ganze sei ihre Idee gewesen. Das könnte der Kern einer völlig neuen Übernahmestrategie werden ... Kommandant Xarge, die Chance sollten wir uns nicht entgehen lassen!

---

**ANHANG:**

**MenschenDieSichVerschwörungstheoretische WebseitenAnsehen_Beobachtungsliste.zip**

**AN:** ZINFLUU (315)
**VON:** XARGE (318)
**BETREFF:** LETZTE ENTSCHEIDUNG 3

Ich empfange Ihren Bericht in einer spannungsgeladenen Stimmung drohender Verzweiflung.

Es stimmt wohl, der Marketingtrick mit dem „sich offen auf den Marktplatz stellen“ würde die CR-Abteilung erfreuen, es wäre jedoch vollkommen unmöglich, so eine ausgeklügelte, vielschichtige psychologische Operation – in Bezug auf Leaks, Hacks, Trolle und LOLs – auf einer so gewaltigen planetarischen Skala zu starten, ohne die beeindruckende, tastaturbasierte Ausstattung der Imperialen Invasionsflotte in Reichweite des WLANs des Planeten zu haben. Es ist zum Aus-der-Haut-Fahren! Wir könnten jetzt in diesem Augenblick die *Weltweite Sammlung ganz verschiedener in einer Art Netzwerk miteinander verbundener Dinge* der Menschen mit Fehlinformationen und Fragmenten, Ereignissen und Empörungen, falschen Benutzerkonten und manipulierten Bildern überfluten. Stattdessen befindet sich die Flotte aus der irrationalen Angst heraus, als das „Böse“ dazustehen, jedoch schon wieder auf dem Heimweg.

Unglaublich, wie einfach die Erde es uns macht: Sie erwartet uns wie ein leeres Tor und wir schaffen es aus Angst vor dem Triumph nicht, den Ball hineinzubekommen. Wann ist uns bloß die Siegeslust abhandengekommen, Zinfluu?

Verdammt noch mal, wir können es wirklich nicht riskieren, die Imperiale Invasionsflotte, die Vereinigten Reiche von Splorta und – viel wichtiger noch – mich selbst mit in einen überaus öffentlichen und versehentlich verpfuschten „von Splorta veranlassten Schlag“ hineinzuziehen. Es ist wirklich hoffnungslos. Wie immer ist nicht das Einnehmen eines anderen Planeten das Problem, sondern vielmehr die lächerliche, hysterische und überempfindliche Haltung der intergalaktischen Gemeinde gegenüber dem Einnehmen von Planeten und ihr ständiges, tugendhaft anmutendes Beharren auf dieser Ansicht.

Wenn wir die Sendefähigkeit der Erde nicht vorab neutralisieren können, dürfen wir uns auf keinen Fall dabei erwischen lassen, ihre Geschichten zu beeinflussen, solange ihre TV- und Radiosender noch ununterbrochen jeden Schwachsinn, der vor einer Kamera oder in ein Mikrofon geäußert wird, ins Weltall senden. Es ist nichts dabei, ein bisschen kosmisch inspirierte Propaganda auf die Beine zu stellen, etwa dass die Erdlinge sich plötzlich entschieden hätten, ihre Atomwaffen loszuwerden, eine planetarische Abstimmung zu halten und einzuwilligen, vom Splortanischen Super-Imperium annektiert zu werden –, zufällig *genau in dem Augenblick*, in dem die Imperiale Invasionsflotte eintrifft. Wenig glaubhaft vielleicht, aber wir würden vermutlich damit durchkommen, bis auf ein bisschen Säbelrasseln des Erbärmlichen Zusammenschlusses der erbärmlichen Verlierer.

Doch sollte irgendetwas schiefgehen und der Planet sich schließlich doch in Kohle verwandeln, wären wir geliefert. Ich wage es mir kaum vorzustellen: Wir verpfuschen es, dann BUMM, die Truppe ist in Aufruhr, jeder im gesamten Kosmos holt seine Radioteleskope vom Dachboden, um zu verstehen, was los ist, richtet diese direkt auf die Erde und empfängt das letzte gesendete Signal – hysterische Nachrichtensprecher, die in die Kamera brüllen, dass die Atomwaffen abgeschossen wurden.

Ich kann Ihnen sagen, wie das aufgenommen würde, wenn man bedenkt, wie erpicht die aus der CR-Abteilung darauf sind, die Motive Splortas zu durchleuchten: nicht ideal.

Wenn die idiotischen Bewohner der Erde auf

irgendeine Weise ausgemerzt werden, wird es in jedem Fall auf uns zurückfallen, egal welchen Anteil die Weltraumaffen selbst daran haben. Dann kommt es wieder zu den üblichen Schuldzuweisungen, Sie werden schon sehen. Die Hippies der gesamten Galaxie werden rumheulen, was für ein „perfektes, friedliches Leben" die Einheimischen geführt hätten – *wie sie sich ständig umarmt, gelacht und Dinge getauscht haben, durch Wiesen liefen und Schmetterlinge jagten, bedeckt mit Fingerfarben* – bis das „große und böse Splortanische Super-Imperium" auftauchte und „alles kaputtgemacht hat". Es wird heißen, wir hätten das ach so schreckliche Verbrechen begangen, dem Planeten so etwas wie einen verdammten Plan zu verordnen. Das ewige Gerede vom Grünen Gewissen. Einfach ungerecht.

Die Weltraumaffen verbrennen Öl, beklauen sich gegenseitig, beschießen einander den lieben langen Tag mit Metallgeschossen ... aber wird das je thematisiert? Natürlich nicht! Aber sollte Splorta es wagen, auch nur sanft in das Geschehen einzugreifen, würden *wir* beschuldigt, den Menschen unsere Weltraum-Ordnung „aufzudrücken". Die Erdlinge hingegen würden als die guten Weisen und noblen Wilden, die friedlich und ruhig im Einklang mit der Natur lebten, in das intergalaktische Gedächtnis eingehen. (Sie haben *Milliarden* Autos und hupen sich ständig gegenseitig an! Es ist einfach nur lächerlich!)

Was für eine Verschwendung meiner Begabung, Erfahrung und Blutrünstigkeit. Wenn doch all diese Zyniker einfach mal an unsere splortanischen Motive glauben würden, anstatt sich ständig auf reine Indizienbeweise wie Ergebnisse und Fakten (und den absoluten Zufall, dass Super-Imperien wirklich, wirklich, wirklich neue Planeten benötigen, um die Dinge am Laufen zu halten) zu berufen.

Unglaublich, es scheint tatsächlich keine andere Möglichkeit zu geben, als dieser Farce ein für alle Mal ein Ende zu setzen. So langsam wird es sogar mir schon ein bisschen unangenehm, Ihnen wieder und wieder denselben Befehl geben zu müssen, aber ich fordere Sie nun erneut auf: Machen Sie sich auf den Weg zur Erde und sorgen Sie dafür, dass die Menschen sich unverzüglich selbst in die Luft jagen. Lassen Sie sie ausflippen, Leutnant. Dieser Planet mit brutalen Wilden muss sterben.

Das ist mein Ernst.

JAGEN SIE DIE ERDE IN DIE LUFT. UND ZWAR SOFORT.

Ade, grausame Welt. Ade, Leutnant. Auf Nimmerwiedersehen.

P.S. Sie haben mir gar nicht darauf geantwortet, ob Sie das Video von dem Fungobungo-Massaker gesehen haben. Ich habe es Ihnen angehängt, als eine Art lustige Videoversion der Henkersmahlzeit. Es wird Ihnen gefallen. Ich bin einfach großartig.

---

**ANHANG:**

**Collateral_Dummies.avi**

**AN:** XARGE (318)
**VON:** ZINFLUU (315)
**BETREFF:** EINE GRAUSAME UND GLEICHGÜLTIGE ELITE

Ich grüße Sie, Kommandant Xarge,

mögen unaufdringliche Bewunderer lautlos in Ihrer Umlaufbahn schweben.

Natürlich, Sir. Sofort, Sir. Ihr Vorschlag wurde laut und deutlich vernommen. Eine ausgezeichnete, mehr als ausgezeichnete Entscheidung, Sir. Ich bin auf dem Weg. So schnell wie ein Splortaner nur kann. Dürfte ich, während ich darauf warte, dass sich der Ob-gop-Nop-plom-Antrieb aufgewärmt hat, noch in aller Kürze ein alternatives Szenario skizzieren?

Sie müssen wissen, dass ich bei der näheren Analyse des fragmentierten Wesens der Schwarmintelligenz auf Planet Erde über eine ziemlich überraschende und gleichzeitig höchst bedeutungsvolle Entdeckung gestolpert bin. Ehrlich gesagt ziemlich bahnbrechend. Fast schon unglaublich. Überaus aufschlussreich. Ich könnte mir gut vorstellen, dass es für Sie und die CR-Abteilung von Bedeutung sein könnte ... Würden Sie mir diesen kürzesten aller kurzen Berichte zugestehen, bevor ich mich pflichtbewusst zu Ihren Ehren in die nukleare Alien-Superkatastrophen-Apokalypse stürze?

Da ich Ihre unglaublich wertvolle Zeit zu schätzen weiß, werde ich Sie nicht dazu zwingen, mir zu antworten, sondern einfach weiterschreiben. Es steht Ihnen natürlich frei, alles nun Folgende zu ignorieren, wenn Sie es nicht lesen mögen. Es war mir eine Ehre, Sir. Ich sterbe als Ameise im Schatten der Bedeutsamkeit, den Ihre Stiefel werfen. Leben Sie wohl, Kommandant. Leben Sie für immer wohl, Kommandant!

...

Sie lesen weiter? Ich danke Ihnen, Sir, dass Ihre unvermeidliche Augenbewegung mir gestattet, fortzufahren. Ihre unterbewusste Schlauheit ist absolut. So, darum geht es:

Die Regierung der Erde wird tatsächlich immer seltsamer, je näher man sie betrachtet. Von all den bereits erwähnten Dreiecken sind 200 bis 300 Klubs am wichtigsten, da sie über alle fliegenden, schwimmenden und fahrbaren Waffen verfügen. Auch diese Dreiecke sind jedoch nach oben zulaufende Verantwortungsdreiecke der zunehmend geringeren Anzahl von Menschen, die sagen: „Du machst das“. Das wiederum bedeutet, dass nur ein winziger Bruchteil der Menschen überhaupt Regeln aufstellen und sich der Loyalität der Regelvollstrecker sicher sein kann. Diese Regelvollstrecker versorgen die regelaufstellenden Menschen mit freien Waffen und Nahrung, während sie ihnen beibringen, in welche Richtung sie zu zielen haben.

In diesem Zusammenhang macht auch die Selbstsabotage der Erde wieder etwas mehr Sinn. Vor dieser neuen Enthüllung habe ich einfach nicht verstanden, warum die Menschen sich so häufig und sorgfältig gegenseitig vernichten. Immerhin sind die Erdlinge nicht so dumm, *beidseitige* Waffen zu entwickeln, wie ihre fungobolianischen Gegenstücke. (Selbstverständlich habe ich **Collateral_Dummies.avi** gesehen, Sir. Wer hat das nicht? Leute mit Mitgefühl? Ha! Die verpassen echt was – ein echter Klassiker, dieses Massaker!)

Und dennoch haben die Menschen es geschafft, täuschend ähnliche Resultate zu erzielen, indem sie mit ihren einseitigen Waffen eine „Wie du mir, so ich dir“-Einstellung kultiviert haben, in allen 200 bis 300 Klubs, die von 200 bis 300 Köpfen geführt werden, in denen 200 bis 300 Versionen einer „*Wir* sollten an der Macht sein, nicht *sie*“- Ansicht vorherrschen.

Deshalb sind die Kriege der Menschen auch nicht mit Weltraumkriegen zu vergleichen – Sie wissen schon, bei denen alle Beteiligten sich treffen, gegenseitig ihre Waffen inspizieren und dann meistens sagen: „Okay, okay, sieht ganz so aus, als würdet ihr dieses Mal gewinnen, hier habt ihr unseren Planeten. Nächstes Jahr zur selben Zeit am selben Ort?“

Menschen hingegen ziehen die Sache einfach durch, ohne Rücksicht auf Verluste. Die jüngeren Grenzverschiebungsdiskussionszeremonien wie der „Weltkrieg: Der Krieg zur Beendigung aller Kriege“, mit 20 Millionen durch Erdlinge verursachte Erdlingstode, schien nicht mehr übertrumpfbar, bis zu „Weltkrieg Nr. 2 (Kein Untertitel)“, der alle bisherigen Verkaufsschlager mit 60 Millionen Fällen von Eigenbeschuss (!) in den Schatten stellte. (Manchmal beginnt der kleine Kreis von Führungsfiguren der Erde auch Gespräche darüber, die Trilogie zu vollenden, doch der Gedanke scheint momentan aus Mangel an Vermarktungsmöglichkeiten zurückgestellt worden zu sein.)

Ein wirklich faszinierendes Verhalten dieser Spezies. Eine der Voraussetzungen für eine Auseinandersetzung ist normalerweise, dass man sein Gegenüber schon einmal getroffen hat und dabei irgendetwas Unangenehmes vorgefallen ist, wie etwa der Diebstahl eines Butterbrots.

Menschliche Grenzverschiebungsdiskussionszeremonien („Kriege“) sind jedoch einzigartig anders. Sie gleichen vorab vereinbarten Auseinandersetzungen zwischen Fremden, jedoch in enormem Ausmaß. Es ist ja nicht so, dass Millionen von Menschen herumsitzen, ihr Leben leben, Kartoffeln anbauen und dabei ganz schön wütend auf Millionen von anderen Menschen werden, die sie niemals getroffen haben, und die genauso herumsitzen, ihr Leben leben und Kartoffeln anbauen – mit dem einzigen Unterschied, dass dies an einem Ort mit einem etwas anders lautenden Namen stattfindet. Das wäre selbst für menschliche Verhältnisse absurd.

Es ist nicht nur geradezu unmöglich, auf eine Person (oder Millionen davon) wütend zu sein, die man noch nie getroffen hat, es bedarf sogar beinahe heroischer Anstrengung, so wütend zu werden, dass man eine Waffe in die Hand nimmt, sich anschreien lässt und dann ewig lange in die Richtung marschiert, die einen von seinem warmen Bett, dem geliebten Hund und all den anderen vertrauten Orten wegführt, an denen man jeden kennt und nicht von irgendwem erschossen wird, der seine Katze vermisst.

Und dennoch treffen sich die Menschen an der Spitze dieser Dreiecke ständig, um über irgendetwas zu diskutieren – Schätze, Öl, wer recht hat –, und wenn nur zwei Sturköpfe an der Spitze zweier sturer Dreiecke dabei in Streit geraten, ziehen sie plötzlich all die Kartoffelleute in die Sache mit hinein. Bevor man sich versieht, ist auf einmal automatisch der gesamte Planet an dem Streit beteiligt. Mit Ausnahme der Leute an den Dreiecksspitzen natürlich, die sich das Ganze aus der Ferne durch ihre Ferngläser anschauen, ab und zu „Alles oder nichts!" rufen und sich dabei ein Panini schmecken lassen.)

Diese Dynamik erklärt auch, warum so viele aus der menschlichen Kolonie scheinbar einer vorab vereinbarten Verteidigungskatastrophe „zustimmen", die willkürlich in ihrem Interesse in die Wege geleitet wurde. Es sind eben nicht Hunderte Millionen auf der einen Seite und Hunderte Millionen auf der anderen, die sich kaum gegenseitig auf der Landkarte finden würden, sich nun aber denken: „Oh, eine vorab vereinbarte Verteidigungskatastrophe, das klingt ja interessant, hoffentlich geschieht so etwas auf geheimnisvolle Weise und völlig unerwartet irgendwann in meinem Leben, ohne dass ich auch nur das kleinste bisschen in die Sache involviert bin."

Nein, es sind zwei Menschen, die beide ins Telefon brüllen: „Wenn *ich* das mache, sind ganz allein *Sie* daran schuld."

Wenn Ihnen das verrückt erscheint, dann

warten Sie erst mal ab, was jetzt kommt: Die einzigen wirklichen Waffen der Erde – die auf die Erde selbst gerichteten atomaren Sprengköpfe – sind nicht gleichmäßig unter den 200 bis 300 Klubs verteilt (auch wenn das tatsächlich am ehesten der Logik ihres verrückten Systems entspräche …) Nein, sie befinden sich im Besitz von neun Klubs.

Neun.

Es gibt also eigentlich nur neun strategisch wichtige Köpfe auf dem Planeten. Und zudem – der dreieckigen Natur der Befehlskette sowie dem 3-bis-7-Minuten-Countdown geschuldet, der verlangt, zivilisationsauslöschende Entscheidungen schnell zu treffen – können sie, und wirklich nur sie, die „Taktik der verbrannten Erde“ autorisieren (ein Rückzug ohne Rückzugsort, versteht sich). Die Erde hat neun wichtige Köpfe, die das Schicksal des Planeten in der Hand haben.

Die restliche Menschheit befindet sich in Geiselhaft.

Wenn das mal keine ethische Begründung für eine Einmischung Splortas darstellt.

**AN:** ZINFLUU (315)
**VON:** XARGE (318)
**BETREFF:** DAS NENNE ICH MUTIG!

Ich empfange Ihren Bericht mit ungläubiger Freude.

NEUN?

9?

Wie in ... 1,2,3,4,5,6,7,8 ... *9*?

Wow, das ist tatsächlich eine fantastische CR-Geschichte! Ich sehe es schon vor mir.

„Oh, die armen, hilflosen Erdlinge wurden von einer kleinen Gruppe mächtiger Wahnsinniger als Geiseln genommen, bla bla bla, die ihre Massenselbstvernichtungswaffen direkt auf den eigenen Planeten richten, bla, während die gesamten Rohstoffe der Erde von einer grausamen und gleichgültigen Elite abgebaut und kontrolliert werden."

Die ethische Begründung für eine Einmischung Splortas *ist* offensichtlich: Diese Rohstoffe sollten durch *unsere* Elite kontrolliert werden.

Tolle Arbeit, Untergebener! Damit ist die

moralische Frage tatsächlich geklärt. Jetzt fängt es erst richtig an.

Neun Köpfe. Mein GOTT, das nenne ich mutig.

Das erklärt auch etwas, das ich mich schon die ganze Zeit über gefragt habe, seit ich als seichte Bettlektüre „Methoden zum Töten von Menschen“ in den Wikipedia-Archiven gelesen habe. Als häufigste Todesursache der Weltraumaffen stand dort „Mückenstiche“. Das war es natürlich noch nicht, was mich verwirrt hat. (Haben Sie die Viecher schon gesehen? Kleine fiese Biester.) Aber als Zweites wurden auf dieser Liste die Weltraumaffen selbst geführt.

Ziemlich unsympathischer Zug. Welche ernst zu nehmende weltraumerfahrene Zivilisation hätte sich je auf die Seite dieser Weltraumaffen geschlagen, deren größte Errungenschaft in Sachen Frieden bisher auf der widerwilligen und zähneknirschenden Beibehaltung einer technologischen Pattsituation beruht, die sich von selbst ergeben hat? Es lässt sich nicht gut verkaufen, dass die Weltraumaffen nur aufgehört haben, jede Menge Weltraumaffen zu töten, da es nicht länger möglich war, jede Menge Weltraumaffen zu töten, ohne dabei *alle Weltraumaffen* zu töten, sie selbst inbegriffen. (Also wirklich, Leute, gut gemacht. Tolle Arbeit. Und was wollt ihr nun? Eine Medaille?)

Ha, das ist einfach nur großartig. Ich werde

die CR-Abteilung dazu bringen, sofort eine neue Geschichte aufzusetzen. Sie werden begeistert sein, da bin ich mir sicher. Ich sehe es schon vor mir. „Motive Splortas“, „Herzen und Schwarmgedanken“, „Tyrannen entwaffnen“, „Befreiung“, „Freiheit den Weltraumaffen“, „Fürsorge“, der ganze Mist eben über all diese schwachsinnigen *zentralen Werte* aus den neuen Image-Faltblättern.

Natürlich ist es nicht gerade schwer, Sympathien für Aliens zu wecken, die einmal einen Krieg geführt haben, den sie den „Krieg zur Beendigung aller Kriege“ getauft haben, auch wenn sie ihn nachträglich dann doch in „Erster Weltkrieg“ umbenennen mussten. Aber wenn wir uns auf die etwas gefälligeren Errungenschaften der Menschheit konzentrieren (Kissen, Waisenhäuser, Eiscreme), können wir den positiven Eindruck so lange aufrechterhalten, bis die Sache angelaufen ist: Wir *mischen uns ein*, ja, aber nur um diese süßen, haarigen Wesen zu beschützen. Schnief, schnief.

Schluckwürg! Da kommt mir glatt der Schleim des Spotts und der Verachtung hoch! Ich vermisse die alten Vorlagen: „Haben Sie bemerkt, dass [Alienart eintragen] anders aussehen und sich anders verhalten als wir? Was ist da los? Wir sollten nicht abwarten, was passieren könnte!“ Dennoch ... die CR-Abteilung wird sich für die langatmige, rührselige Geschichte der „Befreiung liebenswerter Weltraumaffen von einer grausamen und gleichgültigen Elite" begeistern.

Ich kann einfach immer noch nicht glauben, dass es so einfach sein soll. *Neun Köpfe*? Also wirklich: Wow. So eine simple Lösung: Wir müssen nur die mächtigsten Waffen der Erde vom Wally-McFumblebrick-Modell des Armageddon-Beginns separieren. Danach wird das kurzfristige Schicksal der einzigen Spaß-Biosphäre ihres Sonnensystems nicht länger in den Händen von neun von Anführern ausgewählten Anführern liegen, die sich den VIP-Zugang zu den „Ende der Welt"-Knöpfen dadurch angeeignet haben, dass sie lügen und Babys küssen. Ha!

Es wird fantastisch! Selbst die einfachste aller Quantumalgorithmus-Suchen in **Alle_Daten_aller_Zeiten.zip** hat genügend Kompromat für jeden der neun Köpfe ergeben. Haben Sie es schon ausprobiert? Geben Sie doch einfach mal den Namen eines der aktuellen von Anführern ausgewählten Anführer ein, und dazu ein Wort wie „Hotel" oder „xxxxxx" oder „[redacted]" oder „Pizza" und „[redacted]". Was soll das eigentlich überhaupt mit den menschlichen Anführern und Hotelzimmern in „[redacted]"? Warum sollte irgendjemand dafür bezahlen, dass jemand auf ihn „[redacted]"? In ihrem eigenen „[redacted]“? Sie müssen doch hinterher schließlich darin schlafen.

Einfach unglaublich, auf was für Ideen die Weltraumaffen kommen! Wussten Sie schon, dass sie ihre „[redacted]“ in die „[redacted]“ anderer Leute stecken ... einfach so, *zum Spaß*? Widerlich. Früher schien das wohl irgendwie noch nötig zu sein, aber ich habe mir gerade ein Video angesehen, das „2 [redacted] 1 [redacted]“ heißt – unfassbar! Es muss doch bessere Wege geben, um an Nahrung zu kommen. Versteh einer die Menschheit!

Ich werde Trorxex sofort informieren und ihm sagen, dass er sich wegen der intergalaktischen Gemeinschaft dieses Mal keine Sorgen zu machen braucht. Ja mehr noch, dieses Mal werden sie und nicht wir die Bösen der Geschichte sein, an der wir gerade schreiben. Dieses Kapitel wird wirklich ein besonderer Leckerbissen: Zum wiederholten Mal können die schwachen, hilflosen und primitiven Bevölkerungen nicht auf die Hilfe der saft-, kraft- und rückgratlosen intergalaktischen Gemeinschaft zählen, weshalb die armen Vereinigten Reiche Splortas einspringen und alles allein machen mussten, da ihre wabbeligen, gallertartigen sogenannten „Alliierten“ weiche Knie bekommen haben!

Wieder einmal ist es an uns Splortanern, den großen Ruf des Schicksals zu erhören – oder zumindest den verpassten Anruf des Schicksals auf dem Display zu sehen, schnell zurückzurufen und stolz zu verkünden: „Hallo, ist das das Schicksal? Entschuldigen Sie, dass ich den Anruf verpasst habe, ich war gerade auf der anderen Leitung mit dem ERBÄRMLICHEN ZUSAMMENSCHLUSS DER ERBÄRMLICHEN VERLIERER beschäftigt."

Wenn die Imperiale Invasionsflotte nun also ankommt, ist uns die Sympathie des Universums sicher, selbst wenn alles schiefgehen sollte. Es wird heißen: *Habt ihr von diesen armen, armen Splortanern gehört? Wie sie auf den mutigen Befehl des mutigen Kommandanten Xarge hin durch die gesamte Galaxie gehetzt sind, um die armen Weltraumaffen zu retten ... doch als sie gerade ankamen: Bumm! Der ganze Planet explodierte einfach wie eine grasbedeckte Melone in der Mikrowelle! Wirklich traurig. Kommandant Xarge hat es sich redlich verdient, zur Galaxie-Person des Lichtjahres gewählt zu werden. Er duftet geradezu nach Erfolg.*

Stellen Sie sich das mal vor, Leutnant Zinfluu: Die Imperiale Invasionsflotte kommt an, Sie halten sich wie immer auf dem Mond des Planeten Erde auf und gucken dumm aus der Wäsche, dann sagt Trorxex zu Ihnen: „Wo ist Kommandant Xarge?" Sie zeigen auf die Erde, und da ragt eine dreihundert Meter hohe Statue von mir in einem unglaublich coolen Raumanzug empor, wie ich auf einem Haufen Weltraumaffen stehe und unbeschreiblich beeindruckend aussehe, und unter der Statue gibt es eine Tafel, auf der steht: „Herzlich willkommen, Imperiale Invasionsflotte. Da ihr euch Zeit gelassen habt, bin ich schon mal vorgegangen und habe hier alles selbst eingenommen."

Was würde ich dafür geben, das Gesicht von Trorxex zu sehen! Diese herrliche Mischung aus Überraschung, Respekt, Stolz und Bauchgrummeln würde ich nur zu gerne mitbekommen. O ja, es ist wirklich Zeit für eine weitere ruhmvolle Runde Einmischung! Trorxex ist wieder auf dem Weg! Er dreht um! Ich bin gefährlich gut!

THE UNITED EMPIRES OF

UNITED EMPIRES OF SPLORTA
SCOUTING UNIT

THE INTERGALACTIC OUTREACH
AND PLANETARY ENSLAVEMENT DEPARTMENT

FILE: LT. ZINFLUU

REPORT: 003

TITLE: "NATIVE RIGHTS"

THE INCREASINGLY IRONIC
UNION OF ISOLATIONISTS

**AN:** ZINFLUU
**VON:** ZUNEHMEND IRONISCHER ZUSAMMENSCHLUSS DER ISOLATIONISTEN
**IN CC:** TRORXEX; NICHT ANSATZWEISE ANSTÄNDIG ORGANISIERTE TRUPPEN-ALLIANZ; INTERGALAKTISCHER GERICHTSHOF FÜR ALIENRECHTE UND ANSPRÜCHE
**BETREFF:** NAAOTA-MITGLIEDSCHAFT

Sehr geehrte Abteilung für intergalaktische Eroberung und planetarische Versklavung,

wir haben Kenntnis davon erhalten, dass sich erneut eine Imperiale Invasionsflotte Splortas auf den Weg zu einem Planeten und/oder Umlaufbahnkörper gemacht hat, der dem *Intergalaktischen Abkommen proaktiver Indifferenz* (Artikel 50, Absatz 2, Haiku 6) unterliegt. Vielleicht ist der Zunehmend Ironische Zusammenschluss der Isolationisten gar nicht so unfähig, wie Splorta denken mag. Unsere Radargeräte können tatsächlich auch Nummernschilder erkennen. SIE SOLLTEN UNS NICHT LEICHTFERTIG UNTERSCHÄTZEN.

Wir sind ein friedliebender Zusammenschluss, haben jedoch die Macht, das imperiale Leben an jeder Stelle des Weltraums zu einem derartig bürokratischen, regulierungsintensiven, rechtlichen, administrativen und logistischen Ärgernis zu machen, dass man sich nach einem praktischen Wendepunkt sehnt. Nur zur Erinnerung: Sie nutzen *unsere* Weltraum-Knotenpunkte, Asteroid-Umgehungen und planetarischen Kreisverkehre nach *unserem Ermessen*. ZWINGEN SIE UNS NICHT, ETWAS ZU TUN, WAS WIR SPÄTER BEREUEN KÖNNTEN. WIR WOLLEN EBENSO WENIG WIE SIE, DASS SICH IHRE PENDELZEITEN UNNÖTIG VERLÄNGERN.

Okay, genug der leeren Drohungen. Hierbei handelt es sich um eine offizielle Mitteilung an Sie und das zuvor genannte Raumschiff/die zuvor genannten Raumschiffe [eingetragene Weltraum-Belästigung: VRS Imperiale Invasionsflotte 1], dass der „Planet Erde/‚Der' Mond" als Mitgliedszivilisation der Nicht Ansatzweise Anständig Organisierten Truppen-Allianz akzeptiert wurden. Während das offizielle Dokument des NAAOTA-Mitgliedschafts-Zertifikats eine Weile brauchen wird, bevor es herumwurstelnd zustande kommt, wurde die planetarische Registrierungsdatenbank IGARA entsprechend der neuen Besitzübergabedetails aktualisiert.

Ehrlich gesagt haben wir noch nie gesehen, dass sich NAAOTA so schnell um irgendetwas gekümmert hat. Die Verachtung für die Vereinigten Reiche von Splorta scheint so weit zu reichen, dass sie das entsprechende Dokument innerhalb eines Tages gefunden haben, den passenden Stift innerhalb einer Woche und dann nur zwei Wochen benötigten, um das Dokument zu unterzeichnen (sie hatten es noch einmal verlegt, als sie den Stift gefunden hatten). Eine wahrlich beachtliche Leistung.

Dennoch müssen wir Sie nun im Namen der NAAOTA über diese Entscheidung unterrichten, da sie bei der ganzen Aufregung über den so schnell gefundenen Stift und während der darauffolgenden Festlichkeiten ihren schnellrechnenden Daten-Verschlüssler für quantenverschränkte Mails verloren haben.

Wie Sie sicher wissen, haben NAAOTA-Mitglieder „Heimatrechte" auf jedem Planeten, auf dem sie sich nachweislich aus entfernten Vorfahren von nicht mehr als einem Fünftausendstel Millimeter Länge entwickelt haben (mit einem nachvollziehbaren Toleranzbereich von 200 000 Generationen, wie von einer intergalaktischen Jury aus hochpolitisierten evolutionären Weltraumforschern beschlossen wurde). Diese „Heimatrechte" können, werden und sollten, (und werden vermutlich nicht, aber vielleicht auch doch) durch alle, die Hälfte oder manche der NAAOTA-Mitglieder (abhängig von Mitgliedsbeiträgen und der tagespolitischen Lage) vollständig (oder zumindest teilweise, vielleicht aber auch gar nicht) geschützt werden. An Ihrer Stelle würde ich mir sehr genau überlegen, ob ich mich erneut mit den berechenbar unberechenbarsten militärischen Allianzen der gesamten Galaxie anlegen wollte.

Seien Sie außerdem gewarnt, dass die NAAOTA-Allianz durch ihren kürzlichen Stift-finde-Erfolg ermutigt wurde und deshalb auch den Status der *Allgemeinen Militärischen Bereitschaft* von „Tendenziell zurückhaltend" auf „Abschreckung möglich" angehoben hat. Wir hoffen, dass die Vereinigten Reiche von Splorta sich dies zumindest halbwegs zu Herzen nehmen – wir wollen unbedingt eine Störung des lange währenden Weltraumfriedens durch Kreaturen wie Sie, die schon wieder über irgendeinen seltsamen, kleinen Planeten streiten, für den sich ansonsten wirklich niemand interessiert, vermeiden.

Unser nächster Planeteninspektor aus dem Sternbild Schütze wird diese Situation genauestens beobachten. Sollte der Planet Erde nicht auf ein *Standard-WoW!*-Signal antworten, werden wir die Angelegenheit dem *Inter-*

*galaktischen Gerichtshof für Alienrechte und Ansprüche* übergeben.

Und denken Sie ja nicht, dass die Erde das Wow!-Signal verpassen könnte – wir wissen natürlich, dass sie nur 2 Prozent des Himmels beobachten, aber sie wurden bereits wie jeder andere auch von unseren Koordinaten aus angepingt und haben deshalb unsere Adresse für weitere Rücksprachen [siehe auch: **Wow_Signal_Empfangsbestaetigung.jpg**].

Es verbleibt voller unerwiderter Hoffnung auf Bedeutsamkeit

Ihr Zunehmend Ironischer Zusammenschluss der Isolationisten

---

**ANHANG:**

**WOW_Signal_Empfangsbestaetigung.JPG**

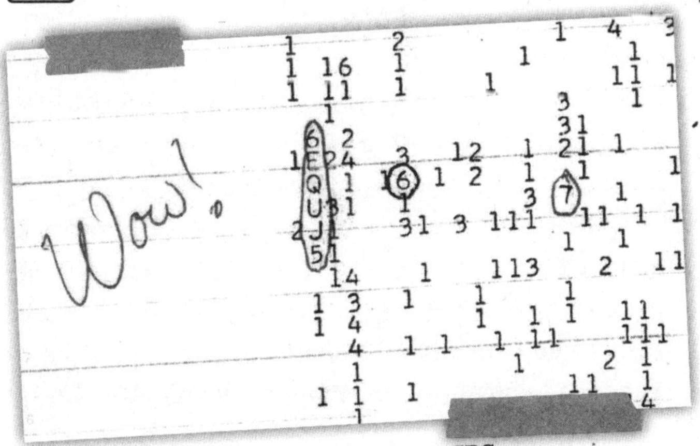


WOW_Signal_Empfangsbestaetigung.JPG

**AN:** ZINFLUU (315)
**VON:** XARGE (318)
**BETREFF:** LETZTE ENTSCHEIDUNG 4

VERDAMMT NOCH MAL, ZINFLUU!

Gerade habe ich eine wütende Mitteilung von Trorxex erhalten! Der Erbärmliche Zusammenschluss der erbärmlichen Verlierer will ihn schon wieder verschrecken, und jetzt weigert er sich, den planetarischen Kreisverkehr zu verlassen ... schon wieder! DAS IST DOCH NICHT ZUM AUSHALTEN! Scheinbar haben diese verdammten kosmischen Zauderer von der NAAOTA den Planeten Erde *im Schnellverfahren* zu einem Mitglied erklärt! So etwas habe ich ja noch nie gehört. Die Nicht Ansatzweise Anständig Organisierte Truppen-Allianz und *Schnellverfahren* (!). Ich dachte, uns bliebe noch mindestens ein weiteres Jahrtausend!

Trorxex zetert nun wie verrückt, ob wir uns denn überhaupt auf „rechtmäßige Gründe" berufen könnten, die uns das Einmischen gestatten. „Rechtmäßige Gründe"?! Wie in „rechtmäßiger Imperialismus"?! Was soll das überhaupt bedeuten? Er treibt sich gerade selbst in den Wahnsinn, kreist und kreist in immer wütenderen Umlaufbahnen im planetarischen Kreisverkehr, während er schimpft, schäumt und in ebenso erschreckenden Ausmaßen die gasförmigen Inhalte seiner Milz ausstößt.

Mein GOTT, verflucht noch mal, ich hätte nie geglaubt, jemals den Tag zu erleben, an dem Trorxex der Pedantische, Zerstörer der Dummköpfe sich für das „Recht“ interessieren könnte. Er beharrt darauf, dass er es sich nicht leisten könne, noch eine Beinaheniederlage vor dem Intergalaktischen Gerichtshof für Alienrechte und Ansprüche zu riskieren. Er ist sich sicher, dass ihn nur seine Siegesserie davor schützt, für Weltraumverbrechen ins Weltraumgefängnis zu wandern. Ach ja, und die Tatsache, dass IGARA momentan ein bisschen im Verzug ist.

Er redet sogar davon, *erneut* mit der Imperialen Invasionsflotte abzudrehen. Können Sie sich vorstellen, in welcher Verfassung er dann hier auftauchen wird? Alles andere als glücklich, das ist sicher. Es ist ein Albtraum. Hoffnungslos. Absolut hoffnungslos. Ich werde entsaftet, sobald er zurück in Splorta ist, ich weiß es einfach. Und wissen Sie, was mich dabei am meisten verletzt? Dass er mir nicht zutraut, einen Krieg zu gewinnen! Ich kann ihm wohl kaum erzählen, dass es sich um einen Krieg gegen eine Fleischarmee und Blechdosen handelt, oder? Ich habe ihm schließlich die ganze Zeit über weisgemacht, wie gefährlich und bedrohlich das Raumfahrtprogramm der Erde ist!

VERDAMMT NOCH MAL, ZINFLUU, DAS IST ALLES IHRE SCHULD. SIE HABEN IHN VERSCHRECKT!

GNA. GOTT sei Dank, dass wir bisher noch keine Weltraumverbrechen in der Region verübt haben. Stellen Sie sich mal vor, wir hätten die Satelliten der Erde zerstört oder den gesamten Planeten in die Luft gejagt oder mit einem Super-Keim verseucht. Sie hätten mich mit Ihren leichtsinnigen Vorschlägen wirklich in die Bredouille bringen können, Leutnant. Und auch die gesamten privaten Daten, die wir von der Erde abgegriffen haben – zum Glück waren sie bereits von den Menschen selbst gesammelt worden. Nicht auszudenken, was passiert wäre, wenn wir die **Alle_Daten_aller_Zeiten.zip** nicht legal erworben hätten. Das wäre vor diesen Terrorismus-Sympathisanten des IGARA wirklich schwer zu rechtfertigen gewesen.

Seit Googlons Omniverlinkter Total-Transformator (GOTT) zur überverknüpften Weltraumhomogenisierung online gegangen ist, macht sich das gesamte Universum auf unsere Kosten lustig – das ist Ihnen schon klar, oder? Jetzt aber mal ehrlich, was bringt es, heutzutage noch eine intergalaktische Superdupermacht zu sein, wenn eine interdimensionale Verschmelzung künstlicher Intelligenzen einem weismachen will, dass man nicht mehr machen kann, was man möchte – aus Gründen, die einem selbst vollkommen unergründlich erscheinen. Es mussten Sterne sterben, um uns diese Freiheit zu ermöglichen. Wir wollen doch nur einen Tapetenwechsel, und, ja ... vielleicht auch eine etwas größere Auswahl an Tapeten zum Wechseln, und das ist dann SCHEINBAR „unrechtmäßig", da all die verdammten Weltraumschnecken und Weltraumechsen und Weltraumdelfine und Weltraumpilze und Weltraumaffen „eigenständige Kulturen" und „Heimatrechte" und „Milliarden über Milliarden Seelenleben" haben, die WIR respektieren müssen. *Wir*! Das kann doch nicht angehen!

Wenn ich allein für die Galaxie verantwortlich wäre, würde ich all diese Gesetze, Abkommen, Institutionen, sozialen Normen und ethischen Standards sowie den „kulturellen Fortschritt" abschaffen – sofort und ein für alle Mal. Aber sicher! Ich würde diesen Blödsinn unterbinden, dass jeder dahergelaufene Alien einfach so im Kosmos auftauchen und seine geschmacklose, barbarische und unausgegorene sogenannte „Zivilisation" mitten auf einer der wertvollsten

Rohstoffquellen der Galaxie ansiedeln kann – nur um dann zu behaupten, er habe nun ein „Recht" darauf, da er zufällig zuerst dagewesen ist. Was hat das mit Gerechtigkeit zu tun?

Glauben Sie mir, Zinfluu, nicht mehr lange und das gesamte Universum wird voll von diesem „Seelenleben"-Müll sein. Schon bald wird jede Lebensform, die fünf Minuten nach der Ursuppe entstanden ist, einen Freifahrtschein zum Leben erhalten, da sie in der Lage ist, ein halbgares „Gefühl" in einer ausreichend nervigen, lautstarken und medienwirksamen Weise auszudrücken (schnief schnief). Und wer wird der Leidtragende sein? Trottel wie wir, die sich ab und zu an die Regeln halten. Warten Sie nur ab. Als Nächstes müssen wir allerlei klitzekleine „Hoffnungen", „Träume" und „Ambitionen" anerkennen, nur weil irgendein verfluchter Weltraumwisch uns das vorschreibt. Verdammtes liberales, allmächtiges Weltraumbewusstsein. Mit dem Kosmos geht es seit dem Urknall nur bergab.

Das war's. Wir sind geliefert. Erneut ist die Imperiale Invasionsflotte auf direktem Weg zu mir, obwohl die Erde immer noch unbeschwert auf ihre Zerstörung wartet, Trorxex' Wut, Schwindelgefühl und seine Blähungen nehmen stetig zu, die intergalaktische Gemeinschaft wird uns mal wieder auslachen und ich bekomme an allem die Schuld. Verflucht, VERFLUCHT, *VERFLUCHT NOCH MAL*!

Bringen wir es schnell hinter uns, Leutnant. Sie wissen, was zu tun ist. Runter mit Ihnen. Seuche. Schwäne. Übungsbänder. Bumm. Was auch immer. Ich werde echt zu alt für den Scheiß!

Ich hätte doch mit acht in Rente gehen sollen.

**AN:** XARGE (318)
**VON:** ZINFLUU (315)
**BETREFF:** ALTERNATIVVORSCHLAG

Ich grüße Sie, Kommandant Xarge,

mögen die komplizierte Köperfunktionen koordinierenden Organe sich in Zeiten verstärkter sozialer Bedeutung als Teamplayer erweisen.

Nun zu Ihrem Plan, Sir: Auch ich werde langsam der Tatsache überdrüssig, dass ich nicht einfach losziehen und mich opfern kann, um die Erde zu zerstören. Es ist wirklich unerträglich. Nichts würde ich lieber tun, als dieses günstig mit Mikroben bedeckte Behältnis meines Bewusstseins für einen guten Zweck zu nutzen ... und dann stellen sich uns all diese verdammten Alternativvorschläge, Entdeckungen und Enthüllungen in den Weg. Ich wage kaum zu sagen, dass mir gerade eine weitere begegnet ist. Was für ein Ärger!

Es könnte tatsächlich einen vollkommen neuen und erfrischenden Weg geben, Planet Erde einzunehmen, Kommandant. Einen rechtlich unbedenklichen Weg, soweit ich das einschätzen kann. Ihre letzte geniale Mitteilung, Sir, hat mich dazu inspiriert, das Konzept „Heimatrecht“ auf der Erde noch einmal zu recherchieren, und … tja, dazu fand sich kaum etwas. Geschichtlich betrachtet handelt es sich dabei wohl um eine Idee, die nie besonders ernst genommen wurde. (Erinnern Sie sich noch an die Ureinwohner Amerikas? Fragen Sie mal, was die dazu meinen!)

Tatsächlich verfügen die Erdlinge über ein alternatives System zu Heimatrechten, wie es mir noch nie untergekommen ist. Ich bin mir nicht hundertprozentig sicher, Sir, aber es sieht so aus, als hätte ich ein erstaunliches Schlupfloch gefunden, das wir ausnutzen können und das selbst vor einem pedantischen, politisch korrekten und gerechtigkeitsorientierten Gericht wie dem IGARA bestehen sollte.

Wenn ich richtigliege, hat der Planet Erde schon selbst eine Menge dazu beigetragen, sich einzunehmen. Das liegt vor allem an der Architektur des „Betriebssystems“, das die Anführer auswählt und diese dann bevorzugt. Eine darin enthaltende Regel ist besonders anfällig für Missbrauch und könnte sogar den Übergang der Erde unter die Fittiche Splortas so nahtlos gestalten, wie es in der Geschichte der Galaxien noch nie vorgekommen ist. Ich würde sogar so weit gehen zu behaupten, dass Planet Erde bereits zu 99 Prozent vor-eingenommen ist.

Kommandant, ich muss mich vorab schon einmal für den wirklichkeitsfernen, blumigen, abgehobenen Ton dieses Berichts entschuldigen. Vielleicht hört es sich seltsam an, aber mir scheint, als könne dies der Knackpunkt im Verständnis von der Erde sein, wenn wir den Planeten rechtmäßig einnehmen wollen – versuchen Sie also bitte, mir zu folgen. (Es könnte von Vorteil sein, wenn Sie Ihr neuronales Netz bereits auf „esoterisch" runterschalten würden – ein etwas offenerer Umgang mit den Inhalten Ihres Gehirns könnte von Nutzen sein ...)

Okay. Fertig? Los geht's: Menschen glauben, dass ihnen mehr „Dinge" „gehören" können, als ihre Arme tragen können. Ich wiederhole: DASS IHNEN MEHR DINGE GEHÖREN KÖNNEN, ALS IHRE ARME TRAGEN KÖNNEN. Ich hatte Sie ja vorgewarnt, dass es verrückt ist. Sie nennen diese schrullige Vorstellung „Besitz".

Es wird nicht einfach sein, dieses Konzept in verständlichen splortanischen Begriffen zu erklären, aber ich versuche mein Bestes (schalten Sie Ihr neuronales Netz noch weiter runter, bis Sie das Gefühl haben, dass etwas ankommt ...). Die Einwohner des Planeten Erde glauben, ihnen könne etwas „gehören", selbst wenn es sich nicht auf ihrem Kopf, zwischen ihren Knien oder unter ihren Achseln (!) befindet. Das alleine ist schon verblüffend und verwirrend genug, aber es wird immer kniffliger, je mehr man versucht, die Implikationen dieser derart grotesken Idee zu verstehen. Menschen können Dinge „besitzen“, die sie zu Hause gelassen haben (in einem „Haus“, das ihnen ebenfalls „gehört“). Ihnen kann etwas „gehören“, das sich in einer verschlossenen Kiste befindet, oder sogar Dinge, die sie in *die Hände anderer Leute* (!) gelegt haben, selbst wenn die Person, der diese Hände „gehören“, sie überhaupt nicht mag.

Am wichtigsten an diesem alten und altertümlichen Dogma ist jedoch, dass einem Erdling auf Planet Erde *eine ganze Menge* Dinge „gehören“ können. Klar, das klingt albern: denn je mehr ihnen „gehört“, desto weniger sind sie schließlich in der Lage, es zu tragen. Trotzdem glauben fast alle von ihnen daran. Überdies kann einem einzigen Erdling *jede Menge* „gehören“, einem anderen hingegen *überhaupt nichts*, selbst wenn sie zusammen in einer Badewanne sitzen und ihre Arme gleich lang sind. Ist das angekommen? Macht das jetzt Sinn für Sie?

Das scheint so eine Glaubensfrage zu sein, also so was wie ... na ja, Metapher trifft es nicht so richtig, aber so was in der Art ... Warten Sie. Moment mal. Ich versuche noch mal, es anders zu erklären: Auf der Erde bewegen sich die

Dinge nicht einfach von Ort zu Ort, so wie sie sind, und werden auch nicht je nach Bedarf genutzt. Nein, die Erdlinge glauben – so scheint es zumindest –, dass sie irgendwie etwas vom Universum ausleihen, das Universum diese Dinge jedoch nicht zurückbekommt, bis die Menschen sagen, es könne sie zurückhaben. Und das alles passiert nur im Kopf der Menschen, da das Universum davon überhaupt nichts mitbekommt ... ist es jetzt klarer?

Hilft Ihnen das?

Ich weiß wirklich nicht, wie ich es anders erklären soll. Wahrscheinlich ist es auch gar nicht so wichtig, nur eine Sache sollte man wissen: Die unausweichliche lächerliche Schlussfolgerung aus diesem einzigartig faszinierenden, falschen und skurrilen Konzept ist, dass es zu dem absonderlichen Wunsch mancher Menschen führt, einfach alles besitzen zu wollen. (Die mächtigsten und berühmtesten Menschen der Erde sind ironischerweise diejenigen, die sich in dieser Sache am meisten hervortun.)

Ergibt das nun Sinn für Sie?

UNITED EMPIRES OF SPLORTA

**AN:** ZINFLUU (315)
**VON:** XARGE (318)
**BETREFF:** WAS?

… Was?

Ich habe nicht ein einziges Wort verstanden. Ist Ihnen die fehlende Schwerkraft zu Kopf gestiegen? (Das Interplanetarische Sozial- und Gesundheitssystem Splortas übernimmt keine Maßnahmen für das psychische Wohlergehen, glauben Sie also ja nicht, dass Sie mit dem „Ich war während der Ausübung meines Amtes einem hohen Maß an Unsinn ausgesetzt“-Blödsinn bei mir durchkommen …)

Was soll dieses „besitzen“ bedeuten?

Meinen Sie, „darauf stehen“? Etwas „ansehen“?

Trorxex wird von dem ganzen Umherfahren im planetarischen Kreisverkehr sicher schon schwindelig, worauf er bekanntlich entsprechend rachsüchtig reagiert. Und ausgerechnet jetzt senden Sie mir irgendwelchen Quatsch darüber, dass Erdlinge mehr *„Dinge besitzen, als ihre Arme tragen können“*?

Nun aber mal Klartext, Leutnant, wir haben wirklich keine Zeit für Ihren verdammten Unsinn. Trorxex könnte jeden Augenblick die gesamte Imperiale Invasionsflotte ein zweites Mal umdrehen lassen.

Wenn es einen Weg gibt, dieses „Heimatrecht“ zu umgehen, möchte ICH DAS IM NAMEN SPLORTAS SOFORT WISSEN.

Senden Sie mir schnellstmöglich einen Bericht, der Sinn ergibt. Und zwar nach splortanischen Maßstäben, verdammt noch mal. Wenn ich mein neuronales Netz noch weiter runterfahre, riskiere ich noch, Mitgefühl mit diesen unerträglichen Weltraumaffen zu bekommen.

**AN:** XARGE (318)
**VON:** ZINFLUU (315)
**BETREFF:** ZU 99 PROZENT VOR-EINGENOMMEN

Ich grüße Sie, Kommandant Xarge,

mögen majestätische und dennoch unerwartete Sonnenstrahlen mit wildem und gleichzeitig vollständig unbemerktem Liebreiz auf Ihren Schienbeinen auftreffen.

Machen Sie sich keine Sorgen, Sir, Ihre Verwirrung ist ein gutes Zeichen. Lässt sie doch wahre strategische und militärische Stärke aufblitzen – das heißt, dass Sie sich in die Gedanken des Feindes hineinversetzen können.

Ich bin mir nicht sicher, ob ich es noch mal anders erklären kann, lassen Sie mich daher versuchen, Ihnen darzustellen, was meiner Meinung nach in der Vergangenheit der Erde dazu geführt hat, dass die menschliche Kolonie in so ein offensichtlich absurdes, konzeptuelles Durcheinander geraten ist. Obwohl die menschliche Zivilisation über einen vollständig ungesicherten Wissensvorrat ihrer Spezies verfügt, beruht sie noch immer auf der altertümlichen Philosophie des „Wenn man nicht aus der Geschichte lernt, wiederholt sie sich!“ (Eine eigenartige Form von Logik, würde ich meinen: Die Menschen müssen nur sicherstellen, dass niemand ein Buch liest, um die Zukunft genau vorhersagen zu können ...)

Na ja, so ist es eben. Wenn die Menschen etwas Seltsames tun, dann liegt es daran, dass sie das schon seit langer Zeit tun und niemand sie bisher daran gehindert hat. Die momentane Abgedrehtheit der Erde lässt sich also im Kontext der gesamten bisherigen, nicht unterbundenen Abgedrehtheit erklären. Ich habe die gesamte Geschichte des Konzepts „Mir gehören mehr Dinge, als meine Arme tragen können“ angehängt [siehe auch: **Eigentum.pdf**], aber hier die Hauptpunkte:

Soweit ich das sehen kann, waren die Menschen irgendwann einmal so wie jeder andere Teil des Universums auch: Wasserstoff, der ein bisschen zu frech wurde und sich fragte, was ein Universum ist.

An einem bestimmten Punkt in der Geschichte der Menschheit – meine Recherche legt nahe, dass es irgendwann zwischen den zivilisatorischen Meilensteinen des „aufrechten Gangs“ und der „Nutzhaltung dümmerer Kreaturen“ passiert sein muss – sah ein Erdling auf das besonders hübsche Fleckchen Erde unter seinen Füßen herab und hatte die bis dahin wahrscheinlich dreisteste Idee der gesamten Galaxie. Er oder sie wandte sich zu einem anderen Bewohner desselben Planeten um und sagte so etwas wie: „Hm. Siehst du *dieses Stück Erde*? Von *hier* bis, ja, ungefähr, *dort*, und von *dort* bis ungefähr *hier*, tja, also ... dieses Stück *gehört* von nun an mir. Ich nehme an ... gehe davon aus ... du hast nichts dagegen?"

Und der angesprochene Mitmensch war – was einem astronomisch geradezu unmöglichen Zufall entspricht – so unbedarft, dass er nicht die kritische Fähigkeit aufgebracht hat, um im Namen seiner Milliarden Nachfahren zu fragen: „Was bitte bedeutet denn ‚gehören'? Das ist die Erde. Ich verstehe nicht ganz – meinst du ‚darauf stehen'? Sie ‚ansehen'?" Stattdessen antwortete dieser einzigartig verwirrte, leichtgläubige Wilde mit einem Satz, der mit donnerndem Trommelwirbel in den Korridoren der humanologischen Geschichte nachhallen sollte: „Oh, alles klar. Gut, ist okay so."

In jenem Augenblick verspürten wohl alle, die nah genug standen, um diesen misstönenden Austausch mitzubekommen, plötzlich dieses eigentümliche Gefühl der Wachsamkeit, das sich dann einstellt, wenn die Geschichte gerade ohne Vorwarnung ihren Lauf in eine völlig neue

Richtung ändert. Anscheinend kam aber keiner von denen auf die Idee zu entgegen: „Nun aber mal langsam, Nigel, wir wissen alle, dass dir dieses Fleckchen Erde von *hier* bis *dort* und von *dort* bis *hier* besonders gut gefällt, aber wir haben uns bisher noch nicht darüber verständigt, ob ‚gehören' überhaupt schon ein Thema ist für uns. Was soll das überhaupt bedeuten? *Berühren? Schätzen? Mit den Zehen befühlen?* Sollten wir uns darüber nicht erst mal ganz in Ruhe bei einem gemeinsamen Lagerfeuer austauschen?"

Nichts von alledem. Stattdessen verfiel der Stamm wohl in Panik und schloss sich zur Sicherheit spontan dem Vorschlag an. Manche Mitglieder rannten herum und zeigten auf jedes schöne Stückchen Erde, das ihnen unterkam. Andere entfernten sich unverdächtig pfeifend ein bisschen weiter vom Rest des Stammes, und bevor dieser etwas merken konnte, suchten sie sich ihre eigenen schönen Stückchen Erde, auf die sie zeigen konnten. Sie zeigten auf so viel wie möglich, zogen Linien drum herum und benannten die Stückchen zwischen den Linien dann nach sich selbst („Mein Platz", „Dein Platz", „Nigels hübscher Platz in Nigelland"), bis alles aufgeteilt war, was natürlich schnell geschehen war, da die lächerlichen Clowns auch damals schon kein Raumfahrtprogramm hatten.

Und so wurde die gesamte Erde von diesem wirklichkeitsfernen, übergeschnappten Quatsch geschluckt. Sie haben auf einfach alles gezeigt: auf die Erde, das Zeug darauf, das Zeug darunter, Tiere, Vögel, Ananas, sich gegenseitig, Gebäude, Flüsse, Regenwälder und wieder sich selbst.

So ziemlich das Einzige, von dem sie beschlossen haben, dass niemand darauf zeigen darf, sind die „Dinge im Weltraum“ [siehe auch: **Weltraumvertrag.pdf**], was natürlich Wahnsinn ist, weil das der Ort ist, an dem die meisten Dinge zu finden sind, auf die es sich zu zeigen lohnt. Das Ausmaß dieses Irrsinns lasse ich nun erst mal auf Sie wirken.

---

**ANHANG:**

**Eigentum.pdf**

**Weltraumvertrag.pdf**

**AN:** ZINFLUU (315)
**VON:** XARGE (318)
**BETREFF:** NEW-AGE-QUATSCH

Ich empfange Ihren Bericht mit einer Mischung aus unnachgiebiger Langeweile und reiner, vergänglicher Freude.

Du meine Güte, Leutnant, habe ich Sie etwa nach Ihrer Lebensgeschichte gefragt? Man kann wirklich nicht von mir erwarten, jedes bisschen New-Age-Quatsch über jede x-beliebige sogenannte „Zivilisation“ zu lesen, das auf meinem Schreibtisch landet. Das Wesentliche habe ich verstanden: Die Erdlinge sind wahnsinnig. Sie sind verrückt. Sie sind primitiv, gierig, gefährlich und irre. *Sie bringen sich gegenseitig um für Dinge, die sie gar nicht mit ihren Armen tragen können*? Mein GOTT, sie sind noch fanatischer und wilder, als ich zunächst angenommen hatte.

Es ist mir vollkommen unbegreiflich, wie ein derart bizarres Dogma auf einem Planeten überdauern konnte, dessen technologische Entwicklung immerhin bereits beim Toaster angekommen ist. Machen wir uns nichts vor, das lässt sich doch alles ganz einfach widerlegen. Wie soll den Weltraumaffen denn noch so etwas wie ein Planet „gehören“, wenn er von Verflüssigungskanonen und Weltraumlasern umgeben ist, häh? Diese geistesgestörten Fanatiker denken einfach nicht nach, oder?

So, aber was ist denn nun passiert, als kein Stück Erde mehr übrig war, auf das sie zeigen konnten?

Lassen Sie mich raten ... irgendetwas Dummes?

**AN:** XARGE (318)
**VON:** ZINFLUU (315)
**BETREFF:** DAS DRECKSKERL-SCHWEINE-HUND-MODELL DER RESSOURCEN-VERTEILUNG

Ich grüße Sie, Kommandant Xarge,

mögen die offiziellen Kriegsräder nur für kurze Zeit vom schmierigen Fett der Planung beeinträchtigt sein.

Gut geraten, Sir. Als sie irgendwann auf jedes verfügbare Stückchen Erde gezeigt hatten, hatten die Menschen tatsächliche keine Erde mehr übrig und mussten sich von da an auch Gedanken über das lästige und wohlbekannte Thema der endlichen Rohstoffquellen machen.

Normalerweise handelt es sich dabei um eines der einfacheren, kurzweiligeren und zeitlich begrenzteren Probleme des Universums, da die Lösung ja eigentlich direkt vor unseren Augen liegt, sich Nacht für Nacht über allen empfindsamen Wesen erstreckt und dabei ganz erhaben und wunderbar glitzert. Die Menschen jedoch waren zu sehr damit beschäftigt, auf den Boden zwischen ihren Füßen zu starren, um die unendliche, alles umfassende Vielfalt über ihren Köpfen wahrzunehmen.

Stattdessen kamen sie auf zwei Lösungen, die beide nichts mit der Erkundung des Weltraums zu tun hatten. Die erste davon war recht einfach und sollte sich für einen Vertreter des splortanischen Militärs sehr bekannt anhören.

Es dauerte nicht lang, bis die Menschen auf jedes verfügbare Stück Erde, das sie irgendwie erreichen konnten, gezeigt hatten und die erste Aufregung über den wahren Grundbesitzboom nachließ, woraufhin sich ein peinlich berührtes Katergefühl einstellte. Wenn sie das, worauf sie zuvor gezeigt hatten, nicht *schützen* konnten, würde auch ein anderer Mensch darauf zeigen können. „Oh", dachten alle gleichzeitig, „das wird wohl zu speziesinternen Schwierigkeiten führen."

Der daraus resultierende Bedarf an Linienschutz führte zu einem Jobwunder in der Linienschutzvollstreckungsindustrie. Waffen tragende Menschen tauchten auf, starrten einander zunächst an, misstrauten sich und fingen schließlich an, sich und andere in zumindest halbwegs regulären Abständen zu vernichten, um die Linien doch wieder etwas anders zu ziehen.

Einmal begonnen, hörten sie nie wieder damit auf. Da es keine Begrenzung gibt, wie viele Dinge jemand *nicht* mit seinen Armen tragen kann, eskalierte die ganze Sache ziemlich schnell. Auf je mehr Dinge die Menschen zeigten, desto größer wurde die Entfernung zwischen dem, worauf sie zeigten und ihrem Standpunkt – ganz zu schweigen davon, ob sie es auch im Auge behalten, darauf stehen oder es tragen konnten. Zu diesem Zeitpunkt schlussfolgerten sie, sie „bräuchten" Mauern, Zäune, Furchen, Gräben, Kontrollpunkte, scharfe Dinge, Ferngläser und Dinge, die knallten, ebenso wie loyale Leute um sie herum, die die scharfen Dinge und die Dinge, die knallten, herumtrugen, während sie durch Ferngläser nach anderen loyalen Leuten Ausschau hielten, die scharfe Dinge und Dinge, die knallten, mit sich herumtrugen.

In dieser neuartigen Draufzeige-Gesellschaft wurden diejenigen, die mit gefährlichen Sachen umgehen konnten, mit noch mehr gefährlichen Sachen belohnt, die sie auf Leute richten konnten. Die Kehrseite war jedoch, dass die Menschen, die keine Waffen hatten oder im Umgang damit ungeübt waren, sich in Bezug auf die Dinge-auf-die-sie-gezeigt-hatten mit der folgenden, überaus praktischen Faustregel konfrontiert sahen: „Wenn du deine Dinge nicht beschützen kannst, gelten sie als von einem anderen

Mitglied deiner Art geliehen, das besser darin ist, mit dem Stock zuzuschlagen."

Die Rüpel und Rabauken der menschlichen Kolonie übernahmen also mehr oder weniger automatisch den ganzen Planeten. Es war vermutlich auch insgesamt keine schlechte Zeit für Arschlöcher, wenn man die viele Arbeit in den eher arschlochfreundlichen Wirtschaftszweigen bedenkt, deren Aufgabe es war, den Rüpeln und Rabauken dabei zu helfen, auf noch mehr Dinge zu zeigen, oder aber zu versuchen, die Dinge, auf die Rüpel und Rabauken gezeigt hatten, vor anderen Arschlöchern zu beschützen.

Auch heute noch vermittelt der Planet Erde den Eindruck, zentral (von Arschlöchern) geplant worden zu sein. Dennoch ist es nur der anstrengenden, grausamen Natur dieser speziellen Lösung für das Rohstoffproblem zu verdanken, dass eine zweite, sauberere Lösung entwickelt wurde, die dabei helfen sollte, Dinge zu tauschen, auf die bereits gezeigt worden war. Diese nennen die Menschen „Geld".

Vom Prinzip her ist „Geld" ein auf Punkten basierendes Rollenspiel, das Menschen dazu befähigt, Dinge, die sie in den Armen halten, in die Arme anderer Menschen zu übergeben, und dabei nicht aus den Augen zu verlieren, wer gerade gewinnt.

Für die Menschen, die ohnehin schon zu den

Gewinnern zählten, war das eine willkommene Verbesserung, weshalb es auch nicht lange dauerte, bis „Geld“ die Gewalt als Hauptaustauschmedium für Dinge, auf die bereits gezeigt worden war, ablöste. Daraufhin versahen die Menschen so ziemlich alles mit irgendwelchen Geldzahlsymbolen, um den Dingen einen „Wert“ zuzuschreiben.

Auf dem Planeten Erde ist es nämlich so: Je weniger von etwas da ist, desto mehr ist es wert und desto begehrter ist es. Den Haken an der Sache haben Sie sicher schon entdeckt, oder? Korrekt, *ein Mangel an planetarischen Reserven* erzeugte nicht den erwartbaren Anreiz, ein sinnvolles Raumfahrtprogramm zu entwickeln, da das System gleichzeitig einen Anreiz dafür schuf, *keine planetarische Reserve zu haben*, da durch einen Mangel die Preise in die Höhe getrieben wurden. (Außerdem verspürten die Menschen ein mulmiges Gefühl, wenn sie zu lange in die Sterne guckten.)

Anders ausgedrückt hat bereits das Konzept Geld in den Köpfen der Menschen einen Kurzschluss ausgelöst, was wir vermutlich einfach ausnutzen und wiederholen können. Es gibt einen fantastischen Präzedenzfall auf der Erde, an den wir nahtlos anschließen können: Sobald Zahlenplättchen involviert sind, haben die Menschen eindrücklich gezeigt, dass sie bereit sind, dafür so ziemlich alles herzugeben – ihre Freiheit, Regenwälder, Nieren, was auch immer. Daran sieht man, wie sehr sie Geld lieben. Es ist wirklich goldig.

Das führt mich zu dem wichtigsten Teil dieses Berichts: Alles auf der Welt „gehört" irgendwem, erinnern Sie sich? Die gesamten Rohstoffe des Planeten, alle Gebäude und auch der restliche Boden, auf dem die Gebäude nicht stehen. Natürlich versuchen die Menschen sich vorzugaukeln, dass manche Dinge auf dem Planeten „unbezahlbar" seien – ein Park etwa, der Himmel oder ein paar Schwäne – aber normalerweise bedeutet das nur, dass die Person, die das hergeben könnte, noch keinen ausreichend großen, mit ekligen, zerknitterten Papierrechtecken gefüllten Koffer angeboten bekommen hat. Wenn man einer reichlich normalen Person in einem reichlich gemütlichen Sessel in einem reichlich großen Büro an der oberen Spitze eines reichlich mächtigen Dreiecks ein reichlich dickes Scheckbuch übergibt, löst sich auch das kleinste Fünkchen Vernunft sofort in Luft auf („Hatte ich ‚unbezahlbar' gesagt? Ach, wirklich? Entschuldigung, ich meinte natürlich ‚wertlos'. ICH WERDE DANN MAL HEIMLICH EIN PAAR VILLEN KAUFEN GEHEN. TSCHÜSS DANN.")

Mit anderen Worten: Die Erde steht zum Verkauf.

Momentan kann ich Ihnen keinen konkreten Preis nennen, aber irgendwann kommt mit Sicherheit der Tag, an dem eine Zahlenfolge den Preis der Erde anzeigen wird. Wenn wir die dezentralisierte Anführerschicht der Menschen einfach überzeugen können, dass wir ihnen die besagte Summe in Erdwährung anbieten – reden wir spaßeshalber von bananausend Gorilliarden Geldeinheiten – würden sie uns sicher den ganzen Planeten überschreiben … und zwar freiwillig. (Ich schlage vor, dass wir die Operation ab jetzt unter dem Decknamen „OPERATION ZAUBERBOHNE“ führen)

Den Regeln der Erde zufolge *könnte* strenggenommen tatsächlich jeder die Erde kaufen, und die Erdlinge müssten sich auf einen schweren Kampf einstellen, wenn sie beim Intergalaktischen Gerichtshof für Alienrechte und Ansprüche Einspruch einlegen wollten, selbst wenn NAAOTA in der Lage wäre, sie zu unterstützen.

Solange wir die Belege für die bananausend Gorilliarden haben, müssen wir nur dem Intergalaktischen Gerichtshof beweisen, dass das verrückte Verfahren auf dem Planeten gültig ist. Wenn es für Erdlinge rechtlich bindend ist, so ist es für alle anderen, die mit den Erdlingen zu tun haben, ebenfalls bindend. Keine Sorge Kommandant, das wird einfach! Es gibt nämlich definitiv mindestens einen Menschen, den wir dem Gerichtshof als legitimen Anführer des Planeten präsentieren können. Dann müssen wir dem Gericht nur noch ein paar Beweise zeigen, die zweifellos belegen, wie lächerlich die menschliche Weltsicht ist. (Diese Beweise wurden selbstverständlich von besagtem Anführer „geschrieben“.) [Siehe auch: **DieKunstdesErfolges.pdf**]

---

**ANHANG:**

**DieKunstdesErfolges.pdf**

**AN:** ZINFLUU (315)
**VON:** XARGE (318)
**BETREFF:** ES WÄCHST AUF BÄUMEN?

Ich empfange Ihren Bericht mit beinahe halluzinogener Verwunderung.

Die Erde ist ... ZU VERKAUFEN?

Wie unsinnig! Sind Sie sich sicher? Hatten Sie nicht gesagt, es gäbe keine Ausweichplaneten ... warum sollte eine organische Lebensform ihre *einzige* lebenserhaltende Biosphäre opfern ... egal wofür?

Warten Sie, warten Sie. Moment mal. Nehmen wir einmal an – und es wäre ein Wunder in der Größe der Rechtsabteilung des Planeten BRUMP –, dass die ganze Sache stimmt ... meinen Sie wirklich, dass wir diesen lächerlichen Wahnsinn einfach ausnutzen können?

Ich möchte noch einmal sichergehen, dass ich diesen primitiven, religiösen Quatsch richtig verstanden habe: Wenn wir aufgetaucht wären und offen mit den Menschen gesprochen hätten – „Hallo, wir sind hier, um die Erde einzunehmen. Könnte sie ab jetzt bitte uns ‚gehören'?" –, hätte das ihren abgefahrenen, paranormalen Instinkt, alles zu horten, auf den Plan gerufen und sie hätten als Antwort eine lächerliche, improvisierte Möchtegern-Armee geschickt, die Imperiale Invasionsflotte wäre aufgekreuzt, nur um einen zitternden Buchhalter mit einem Luftgewehr und einem Nudelsieb auf dem Kopf anzutreffen, und 3 bis 7 Minuten später wäre dann auch schon die Erde in die Luft geflogen, ich hätte vor Trorxex wirklich dumm dagestanden und der IGARA müsste sich um den Kollateralschaden kümmern?

Wenn wir allerdings bei ihrem beschämenden Rollenspiel mitmachten – „Hallo, wir sind hier, um die Erde einzunehmen. Könnten wir sie jetzt bitte ‚kaufen'?" –, würden sie einfach ihre Taschenrechner hervorholen und anfangen, die Inseln zu zählen? Anders gesagt, wir könnten uns ihr dramatisches und peinliches Gehabe wie „Zusammen können wir die Menschheit retten" und „Geh nicht gelassen in die gute Nacht, brenn, Alter, rase, bla bla bla ..." sparen und ihre dummen Weltraumaffenhirne umgehen?

Ich sehe schon, Zinfluu, so langsam wird es interessant ... endlich! Ich verstehe nur nicht, warum Sie mir die ganze Sache erklären, als sei ich ein verdammter Hinterwäldler aus der gläsernen Welt Z'a'nkorian, der noch nie eine

Bibliothek von innen gesehen hat. Denken Sie wirklich, dass man mir „Geld“ erklären muss? Ich erkenne ein Zahlungsmittel, wenn ich es vor mir habe.

Also nun mal Tacheles, wieviel wollen die Weltraumaffen denn haben? Die letzten 4 Zahlen von Pi? 20 Querschnitte eines Quarks, ein paar -ologien und die Neutrinodiät? Wir sollten natürlich nicht schon zu früh zu viel bieten. Vielleicht war die Biosphäre der Erde einmal die Entwürfe des Og-gog-Nop-plom-Antriebs wert, aber bei den ganzen optischen Schäden müssen sie schon was abziehen. Gucken Sie sich nur mal diesen unglaublichen Müllteppich im Meer an ... der sollte doch *zumindest* ein gutes kosmisches Hummusrezept wert sein, oder?

Ich bin gerne bereit, ab einer Intelligenzskala von 150–200 zu verhandeln. Okay, schon gut, ich *würde unter Umständen* sogar bis zu einer großen vereinheitlichten Theorie der Physik runtergehen, das ist aber wirklich mein letztes Angebot. Leutnant, ich VERLANGE, dass Sie den Planeten SOFORT kaufen.

**AN:** XARGE (318)
**VON:** ZINFLUU (315)
**BETREFF:** VERTRAUEN IN ZAHLZEICHEN

Ich grüße Sie, Kommandant Xarge,

möge entferntes Sternenlicht die Fußnägel Ihrer unkooperativsten Eilinge erleuchten.

Wie gewohnt beweist Ihre Bereitschaft, Vermutungen anzustellen – in radikaler Opposition zur Zuverlässigkeit – Ihren angeborenen Mut.

Ich befürchte allerdings, dass es nicht ganz so einfach ist, Kommandant. Tatsächlich verwenden die Menschen nichts so Nützliches wie Wissen als Zahlungsmittel. Die Erde lässt sich nicht mit Fakten, Daten, Theorien, Statistiken oder sonstigen Arten von Informationen kaufen. Informationen selbst sind auf der Erde ehrlich gesagt ziemlich wertlos, wie auch bereits der extrem nachlässige Umgang mit den Wikipedia-Archiven vermuten lässt.

Trotz der offensichtlichen Tatsache, dass sich gewöhnliches Universumszeugs (Staub, Gas, Stille) nur durch Intelligenz in interessantes

Universumszeugs (Stühle, YouTube, Reggae) umwandeln lässt, verfügt der Planet Erde bisher nicht über eine intelligenzbasierte Gesellschaft. Das bedeutet, dass die Menschen deshalb weder Informationen noch Wissen oder Daten als Zahlungsmittel akzeptieren, weil sie nicht wollen, dass etwas, was ein Mensch einem anderen wegnimmt, weiterhin auch noch dem ersten Besitzer „gehört". Wissen ist für diese Spezies fast vollkommen irrelevant, da es zu leicht geteilt werden kann. Ein Erdling gilt als reich, wenn er viele Dinge hat, die er auf Kosten anderer horten kann. *Informationen? Fakten? Die Umwelt? Freundschaft? Liebe?* Davon gibt es doch überall mehr als genug, fast so wie Schimmelpilze. Völlig wertlos für sie.

In einer Draufzeige-Gesellschaft ist Wissen nur dann von Vorteil, wenn es sich dabei um etwas handelt, das man *nicht wissen sollte*, und was dann später durch Erpressung in Macht umgewandelt werden kann. Diese Führungsschwäche kann am besten an der entspannten Haltung des Planeten gegenüber den Anführer-Auswahl-Wettbewerben abgelesen werden, bei denen die Gleichgültigkeit eines Kandidaten in Bezug auf Gedanken wie „Ich bin nicht die Art von Mensch, die das tun sollte" oder „Ich habe davon gar keine Ahnung" sogar als Pluspunkt angesehen werden kann. Aus diesem Grund hat jeder Mensch auf dem Planeten Erde Zugang zum gesamten Wissensbestand des Planeten, und dennoch ist es manchmal nicht ratsam, den *De-facto*-Anführer des Planeten nach seiner Meinung über etwas zu fragen, das komplexer ist als ein Würstchen.

Tatsächlich scheint der Planet alles daran gesetzt zu haben, sein Zahlungsmittel so nutzlos wie nur möglich zu gestalten – man kann Geld weder essen noch in einen Tisch verwandeln oder als Schirm benutzen. Es wäre wirklich schwer, das Geld der Erde noch unnützer zu machen, als es ohnehin schon ist. Momentan verwenden die Menschen eklige Metallscheiben und zerknitterte Rechtecke aus dünnem, abgestorbenem Baum. Und manchmal verwenden sie noch nicht einmal eine so billige Atomanhäufung, sondern einfach nur Zahlen. Nicht Zahlen für irgendwelche Dinge – wie zum Beispiel 3 Dachsosaurier oder 89 Mondbasen oder 98.101.923.384.594.101.093 Blergianer – Zahlen im Reinformat, wie zum Beispiel 21, 1068, 4, 1/2, 1.000.000 oder -1.

Es spielt keine Rolle, wofür die Zahlen eigentlich stehen, solange jeder, der in diese zahlenverliebte Rollenspielreligion involviert ist, denselben unerschütterlichen Glauben aufbringt, dass eine bestimmte Zahlenmenge heute für dieselbe Anzahl an Draufzeige-Dingen eingetauscht werden kann wie gestern. Solange diese esoterische Laune befriedigt wird, würden die Menschen ihre Zivilisation völlig selbstverständlich als „unter Kontrolle" bezeichnen, selbst wenn der Himmel in Flammen stünde. Auf der Erde bedeutet Geld Vertrauen in Zahlen, das in Zahlen ausgedrückt wird. Auf verrückte Art und Weise ergibt das irgendwie tatsächlich Sinn. Verstehen Sie? *Wie lassen sich Dinge, die man nicht mit den eigenen Armen tragen kann, besser tauschen als mithilfe von etwas, das einzig und allein im Kopf existiert?*

**AN:** ZINFLUU (315)
**VON:** XARGE (318)
**BETREFF:** NICHTS FÜRS GELD?

Ich empfange Ihren Bericht mit einem anhaltenden Rest von Unglauben.

Das ist wirklich das lächerlichste Schlupfloch in einem planetarischen System, das mir je untergekommen ist. Sie wollen mir sagen, dass die Vereinigten Reiche von Splorta etwas, das gar nicht existiert („Geld"), für etwas eintauschen können, das eigentlich auch nicht existiert („Eigentum") und dann so einen Planeten wie die Erde bekommen … und das sogar *umsonst*?

Ohne Krieg, Laserstrahlen, Tricks, Lügen, ja sogar ohne dass wir den Bewohnern die Geheimnisse des Ob-gog-Nop-plom-Antriebs überlassen müssten – sondern einfach nur eine ausgedachte Summe wie bananausend Gorilliarden Geldeinheiten –, und sie würden uns tatsächlich einfach den Planeten überschreiben … *freiwillig*?

Unglaublich!

Mein GOTT, das finde sogar ich bemerkenswert. Stellen Sie sich bloß einmal den Beifall des Universums vor, den ich bekäme, wenn ich diese Karte tatsächlich ziehen würde! Ha! Wenn ich den Planeten Erde einnehmen würde, ohne auch nur eine splortanische Bodentruppe entsendet zu haben! Ich wäre ganz allein verantwortlich für diesen meisterhaften Akt an Weltraumdiplomatie, den wahrlich bedeutendsten der Galaxie, seit Roger vom Planeten *Alles nur Roger* sich mit sich selbst auf eine Waffenruhe geeinigt hat. Die Auszeichnung *Galaxie-Person des Lichtjahres* wäre mir sicher! Ich würde mit Lob übergossen! Könnte darin baden! Würde untergehen in schleimigen Tsunamis widerwärtiger Verehrung!

Ja, Zinfluu, mein Moment ist gekommen! Ich spüre es bis ins Mark meiner Leistengegend. Was sollte der Intergalaktische Gerichtshof für Alienrechte und Ansprüche dieses Mal gegen eine Einnahme durch Splorta einzuwenden haben? Ein angeklagter Planet, der seine heimischen Geburtsrechte in einem *freiwilligen Handel* veräußert hat? Wir können sogar die Rechnung über bananausend Gorilliarden Geldeinheiten vorlegen. Die Weltraumaffen wählen ihre Anführer selbst, sie können sich also nicht mit „Es war bloß ein kurzzeitiger Softwarefehler, Euer Ehren“, dem typischen auf Unzurechnungsfähigkeit plädierenden Ausweichmanöver, herausreden. Ha! Viel Glück mit dem alten Hut, Weltraumaffen. Vor Gericht wird euer Planet einen schweren Stand haben.

Sapperlot, das ist tatsächlich der gröbste Fehler, den ich bei einem planetarischen Verteidigungssystem jemals gesehen habe. *Vertrauen in Zahlen, das in Zahlen ausgedrückt wird*? Mein GOTT, was für ein Schwachsinn! Es ist wirklich bedauerlich, dass wir uns nicht einfach zu erkennen geben können, nur weil die Weltraumaffen so unglaublich empfindlich und anfällig sind, wenn es um ihre kosmische Bedeutungslosigkeit geht. Sonst hätten wir einfach irgendeine neue Währung für sie erfinden können, etwa Splorks (§), Bong (ὢ), Tzinkis (ᾅ), Bleh (ϟ), oder Dongodingodoobs (‰), um ihnen dann mitzuteilen, wie viel diese wert ist!

Es kann doch nicht allzu schwer sein, das nötige Vertrauen zu gewinnen, oder? Welcher Weltraumaffe bei klarem Verstand könnte mehr Vertrauen in *die eigene* Währung haben *als in unsere*, wenn *wir* sie daran erinnern, dass *wir ihre* Galaxie besuchen und *sie* immer noch in Fünfsitzer-Blechdosen mit Rädern, die sich dank des komprimierten flüssigen Dinosauriersafts durch die Gegend furzen, „Postämter" aufsuchen?

Wohl kaum vertrauenerweckend, oder? Welcher „Währung“ werden die Weltraumaffen mehr vertrauen, unserer oder ihrer? Wir haben immerhin schon ungefähr 1 Prozent der Unendlichkeit erforscht. Die hingegen hängen immer noch schwerkraftgebunden auf ihrem allerersten Planeten fest und halten die eigene Existenz für das wertvollste Gut des Universums, anstatt sie als eine geringe bürokratische Hürde zu verstehen, die gegen irgendwelche glorifizierten Zettelchen eingetauscht werden kann. (Ich verstehe, was Sie meinen: Es ist *wirklich* eine Herabstufung ...)

Bevor ich die entscheidenden Neuigkeiten an Trorxex weitergebe: Wie kommen wir also an ausreichend eklige Metallscheiben und zerknitterte Rechtecke aus dünnem, abgestorbenem Baum? Ist das möglich? Sind Sie sich wirklich sicher, dass sie darauf eingehen werden? Ich erwarte hungrig und mit juckendem Ausschlag Ihren Bericht.

**AN:** XARGE (318)
**VON:** ZINFLUU (315)
**BETREFF:** DAS SYSTEM

Ich grüße Sie, Kommandant Xarge,

mögen sich alle Ihre Sterne passend ausrichten. (Selbstverständlich ohne die verheerenden Auswirkungen, die furchterregende Gravitationsunruhen auf die Himmelskörper auf der sich neu ergebenden Achse haben können, Sir.)

Natürlich, Kommandant, das ist mehr als nur *möglich* ... es ist geradezu wünschenswert! Strenggenommen wäre es das bestmögliche Ergebnis für die Menschen, wenn man sich die Regeln anschaut, nach denen auf der Erde gespielt wird. Ihnen die Erde abzukaufen wäre wie ein Sieg für die gesamte Kolonie. Das „BIP“ des Planeten würde durch die Decke schießen. Die Banker würden nackt, nur mit Krawatten um die Köpfe gebunden, jubelnd und jauchzend durch die Straßen laufen. Anwälte würden eine Polonaise bilden, Taxifahrer vor Freude Luftsprünge machen, Aktionäre nach Schnaps zum

Anstoßen rufen. Vermutlich würde die größte Party steigen, die die Erde je gesehen hat, um das beste Geschäft in der gesamten Geschichte des Planeten zu feiern!

Es wäre wohl der schönste Tag auf Erden ... bis zu dem Zeitpunkt, an dem ihnen klar wird, dass es das letzte Geschäft der Erde war. Ach ja!

Vielleicht hat es sie ein wenig verwirrt, ständig auf alles zu zeigen und sich dann eine Zahl dafür auszudenken – überraschend wäre das nicht. Eigentlich sogar ganz niedlich, wenn man es sich genau überlegt. Sie müssen „Geld" bezahlen, um „Eigentum" zu essen (Äpfel, Reis, Burger), sie müssen „Geld" bezahlen, um in „Eigentum" zu schlafen (Wohnungen, Wohnwagen, Baumhaus-Hotels). Und beide dieser Aktivitäten sind für sie unerlässlich, da Menschen lebende, biologische Lebensformen sind, die es bisher nicht geschafft haben, ihr eigenes Gemüse mit einem 3D-Drucker herzustellen (Idioten!), und die ohne ein Dach über dem Kopf mit offenen Mündern unter freiem Himmel schlafen müssten, genau dort, wo Vögel ihr Geschäft erledigen.

Und dennoch sind es nur 2 Prozent der Bevölkerung, die für das Herstellen der gesamten Nahrungsmittel zuständig sind. Anders ausgedrückt: Wenn ein Mensch weiterhin darauf besteht, zu *existieren*, dann wird es teuer für ihn. Alle Menschen, die nicht zu den 2 Prozent der Kolonie gehören, die für den Anbau von 100 Prozent der Nahrungsmittel zuständig sind, sind Teil der übrigen 98 Prozent, die sich in der peinlichen Situation befinden, „Geld" zu benötigen, welches wiederum als Lebensmittelmarken und Dach-über-dem-Kopf-Gutschein eingesetzt werden kann. Was kein großes Problem wäre, wenn sie nicht erst mal *etwas tun müssten*, um überhaupt an diese Lebensmittelmarken oder Dach-über-dem-Kopf-Gutscheine zu kommen.

Mehr noch, die Alternativen (Diebstahl/unbefugtes Eindringen) sind sogar verboten, was bedeutet, dass es fast keinen Ort auf Planet Erde gibt, an dem die Menschen ein geschütztes Schläfchen halten oder sich einen widerwärtigen, auf Mist gewachsenen Happen genehmigen können, ohne mit irgendeinem chaotischen, sperrigen Wirtschaftsrecht in Konflikt zu geraten. Kein Wunder, dass die Nicht Ansatzweise Anständig Organisierte Truppen-Allianz die Erde gerne als Mitglied aufgenommen hat. Was für ein Aufriss da gemacht wird! Egal, wohin man nur schaut.

Obwohl die Menschen „Geld" zum Schlafen *und* Essen benötigen, haben sie es sich aus Versehen besonders schwergemacht, Geld zu finden, es sich anzueignen und zu behalten. Als Konsequenz daraus möchte niemand sein Geld abgeben, sobald er es einmal hat, was allerdings dazu führt, dass sie die ganze Zeit damit beschäftigt sind, andere zu überzeugen, zu überlisten, zu bestehlen oder mit ihnen zu handeln.

Das hat zur Folge, dass so ziemlich jeder auf dem Planeten sich in der Position wiederfindet, eine „Arbeit" zu benötigen, eine Situation, die von manchen Menschen – insbesondere von trommelnden Aussteigern – als „das *System*, kennt man ja" bezeichnet wird.

Vom Mond aus betrachtet kann man beinahe annehmen, dass die menschliche Kolonie da gerade absichtlich irgendeine Art von Superstruktur errichtet – so eine Art Freizeitpark/Einkaufszentrum/gigantische und geschmacklose Sportsbar im Weltraum. Wenn man jedoch genauer hinschaut, stellt man fest, dass alles automatisch abläuft. Die einzelnen Menschen wachen auf, denken ihre Gedanken, gehen in irgendwelche Büros, verkaufen Stifte, sägen Holz, versenden Post, bauen Getreide an, schreiben Berichte, putzen Fenster, blasen Ballons auf, melken Kühe, schießen Bälle, rühren Beton an, nehmen Leute fest, sammeln Pilze, leeren Mülltonnen, und all das geschieht, während sie sich langsam, geräuschlos und unbewusst in einem gewaltigen, gemütlichen Kokon einnisten. Ihre Superstruktur baut sich ganz von allein auf und nutzt die müden, hungrigen Leute als Medium dafür. Vielleicht handelt es sich dabei um das erste sich selbst bauende durchs Weltall kreisende Wohnzimmer.

Sie sehen also, erst nach getaner Arbeit im Weltraumwohnzimmer Erde können die Menschen ihre Wertmarken gegen biologisch angebautes Gemüse eintauschen. Eine ganz schön lächerliche, unangenehme und unfaire Angelegenheit. Stellen Sie sich das mal vor: Die Menschen verbringen 40 bis 80 Wochenstunden mit irgendeiner Arbeit, sei es nun „Datenbankverwaltung“, „Fließbandarbeit“, „LKW fahren“, „Cashewnüsse schälen“ oder „Tippen“. Das machen sie jede Woche, jeden Monat, jedes Jahr, häufig mehr als die Hälfte ihres Lebens ... und ihr Abendessen wächst *immer noch* auf Schlamm und Dreck. Ist das nicht beschämend?

Glücklicherweise gibt es aber einen Weg, diesen vertrackten Schritt des Geldverdienens zu überspringen. Da auf dem Planeten Erde jeder arbeiten muss, um das Geld zu verdienen, das er zum Leben braucht, haben die frühen Regelaufsteller eine geradezu urkomisch dreiste Regel direkt ins Herz der Zivilisation eingepflanzt. Sie werden begeistert davon sein!

Jedes Mal, wenn ein Mensch sich an einem Ort auf der Erde befindet, auf den bereits gezeigt worden ist (also überall, und er dort etwas tut (also irgendwas), wobei ihm die Anführer zuschauen (also immer), gilt ganz automatisch die selbstverständlich von den Anführern aufgestellte Regel, die da lautet: WENN *SIE* GELD VERDIENEN ... BEKOMMEN *WIR* ETWAS DAVON AB! Diese unverhüllt dreiste Idee im Zentrum der menschlichen Zivilisation (genannt „Steuern“) schreit geradezu nach Missbrauch.

Vergessen Sie nicht, dass die Spitze des Dreiecks einmal den unteren Teil des Dreiecks davon überzeugen musste, dass „Geld“, „Eigentum“ und das „Dreieck“ selbst das beste System für alle am Dreieck Beteiligten seien – einschließlich aller armen Leibeigenen, die nicht in den vielen schönen und warmen Schlössern der Menschen mit den besonders glänzenden Kopfbedeckungen leben konnten.

Die regelmachenden, von Anführern gewählten Anführermenschen haben den Planeten auf diese Weise äußerst klug organisiert, so dass es für sie ziemlich lästig wäre, wenn (andere) Leute sich weigern würden, ihre „Steuern“ zu bezahlen. Zuerst bekommt jeder Steuerrebell einen Brief („Bitte zahlen Sie ... oder es wird Konsequenzen geben“). Wenn dann immer noch nicht gezahlt wird, kommt ein Regelvollstreckungsbeamter zu einem freundlichen Besuch vorbei („Bitte zahlen Sie ... oder es wird Konsequenzen geben“). Zu guter Letzt, wenn man sich immer noch stur stellen sollte, kommt die unverbindliche Einladung, eine Zeit in einem Käfig verbringen zu müssen.

Und wissen Sie, was an der ganzen Sache besonders schlau ist? Sie werden es kaum glauben: Wie werden diese freundlichen Erinnerungsbriefe finanziert? Durch Steuern! Wie werden die Regelvollstrecker finanziert? Durch Steuern! Wie werden die Käfige finanziert? Durch den Verkauf von selbstgemachter Limonade am Straßenrand. Haha, das war nur ein Witz. DURCH STEUERN! Merken Sie, warum dieses System so genial ist? Es ist nicht *unser* Geld! Es ist *ihres*!

Anregend, oder? Was für eine Welt! Auch wenn man ahnen kann, dass die Menschen von ihrem Konzept selbst nicht immer besonders überzeugt sind. Ja, selbst die Dreiecksspitzenleute – die wohl den größten Nutzen von dieser Steuerparty ihrer „Zivilisation“ haben, da sie es sich davon gutgehen lassen und die vielfältigen Ressourcen einfach in sich aufsaugen können – haben eine überraschend zwiespältige Einstellung zu diesem Thema [siehe auch: **Panama_Papers.zip**]

Denken Sie bloß einmal an die Möglichkeiten, die uns diese garantierte Einnahmequelle eröffnen würde. Wir könnten so ziemlich jeden Menschen auf der Erde einstellen, um ihn so ziemlich alles auf der Erde machen zu lassen – indem wir ihn zuerst *bezahlen* und ihn dann *bezahlen lassen*. Für Menschen mag das „teuer" sein. Für Splortaner ist es „umsonst". Die Menschen müssen für die Regelvollstrecker bezahlen, und die Regelvollstrecker sind gezwungen, die Menschen dazu zu zwingen, da sie wiederum dafür bezahlt werden. Eine überraschend luftdichte Idee von einem Planeten, der ansonsten eher für sein peinliches Ozonloch bekannt ist.

Das verdanken wir natürlich größtenteils dem Erbe des Bastard-Arschloch-Modells der Ressourcenverteilung, bei dem einfachere Argumentationsstrukturen entwickelt wurden, um mit den Systemskeptikern aufzuräumen (Argumente wie Pfefferspray und Käfige).

Sie merken schon, nachdem die Menschen damit fertig waren, auf alles zu zeigen, nahm das Gezanke der Rüpel und Rabauken um die Dinge, auf die gezeigt wurde, und ihre imaginären Grenzen den Großteil der Zeit der Menschen in Beschlag. Bis dann einige Nerds eine einfachere und nerdfreundlichere Lösung ins Spiel brachten: Anstatt dass jeder Mensch Waffen brauchte, um all das zu schützen, worauf er gezeigt hatte, und jeder Mensch Waffen brauchte, damit er nehmen konnte, worauf andere früher gezeigt hatten, entschieden sie, dass es besser sei, alle

Waffen einer einzigen, passenderen Drittgruppe, den Anführermenschen, zu übergeben: Königen, Zaren, Kalifen, Ländern, Höfen, Chefs, Bastards oder der ultimativen Nerdvereinigung, die auch „Staat“ genannt wird.

Sobald es nur noch der Nerd-Staat-Schicht der Gesellschaft erlaubt war, Waffen zu tragen, galt sie als die letzte, vorab vereinbarte Streitschlichtinstanz bei den Draufzeige-Dingen, so dass alle anderen innerhalb der Grenzen endlich Seite an Seite miteinander leben konnten, ohne darüber jedes Mal Streit, Kämpfe oder gar Kriege anzufangen, wenn mal wieder zwei Leute gleichzeitig behaupteten: „Nein, das ist meins!“ (Das scheint auch der historische Moment gewesen zu sein, an dem die Menschen das universelle, universumsweit geltende Konzept des „Heimatrechts“ durch das verrücktere, selbst ausgedachte „Eigentumsrecht“ ersetzt haben).

Dadurch wurde zwar ein großes Menschheitsproblem gelöst, ein anderes jedoch erst geschaffen. Im Grunde hatten die Menschen einen riesigen, über allem thronenden Rüpel geschaffen, um alle Rabauken zu drangsalieren, wenn diese sich selbst wie Rüpel aufführten, wodurch letztendlich das Bastard-Arschloch-Modell der Ressourcenverteilung beendet wurde. In diesem neuen Rüpel-drangsaliert-Rabauken-Modell der

Ressourcenverteilung gab es nun allerdings keinen *größeren Rüpel* mehr, um den *größten Rüpel* zu stoppen, wenn *dieser* Rüpel zu einem Rabauken wurde, was mitunter geschah. Er hatte ja immerhin alle Waffen.

Und jetzt wird es erst so richtig interessant, Sir: Wir brauchen also kein Geld, wenn wir Macht haben! Wenn wir erst mal den winzigen Menschenanteil an der Spitze dieser Nerd-Staat-Schicht kontrollieren, werden wir über deren gesamte „Eigentum" aufsaugende Kräfte verfügen.

Wir können die Draufzeige-Dinge der Menschen kaufen, stehlen, horten, zerstören, „enteignen", „verstaatlichen" oder „kommunisieren". Wir können all ihre „Eigentumsrechte" aufsaugen und daraus einen großen gemeinschaftlichen Haufen bilden ... zum legalen Tausch bereit!

Anders ausgedrückt: Wir können uns ganz auf die Nerd-Staat-Schicht der Gesellschaft konzentrieren – auf diese 200–300 Köpfe, die von den neun wichtigsten Köpfen erpresst werden können, die wir wiederum mit den Einzelheiten über ihre unanständigen Leben erpressen können – dann ließe sich die Erde nach allen Regeln der Erde einnehmen!

Es ist wirklich so: Alles, was wir benötigen, um die Erde einzunehmen, liegt schon bereit und wartet nur darauf, von uns in Besitz genommen und unseren spezifischen Bedürfnissen angepasst zu werden. Die Erdoberfläche ist dadurch, dass sie von einem unsichtbaren Netz aus einnahmefähigem Unsinn umhüllt ist und gleich mit einer primitiven, menschengemachten Infrastruktur daherkommt, gut auf eine freundliche Übernahme, wie wir sie anbieten werden, vorbereitet. Wenn wir Kontrolle über die Grenzüberwachungsbeamten und die Regelvollstreckungsbeamten erlangen, die mit ihrem tatü-tata-tatü-tata in der Gegend herumfahren, können wir den Planeten aus der Ferne einnehmen, ausschließlich durch einen Mensch-gegen-Mensch-Kampf. Diese bewaffneten Überredungskünstler werden der wichtigste *Abblendschalter* im Instrumentenpult unserer neuen Kolonie sein. Lassen Sie uns diesen ein wenig hochregeln!

---

**ANHANG:**

**Panama_Papers.zip**

**AN:** ZINFLUU (315)
**VON:** XARGE (318)
**BETREFF:** LEKTION GELERNT

Ich empfange Ihren Bericht mit aufgebrachtem Wohlbehagen.

Gute Arbeit eines durch und durch gut geführten Untergebenen! Genau das habe ich gebraucht, um Trorxex zu überzeugen, die Imperiale Invasionsflotte ein für alle Mal mit einem einfachen Fahrschein zur Erde zu schicken. Ha! Jetzt muss er nur noch diesen diebischen Dreckspfotenaffen verklickern, dass sie sich unbefugten Zutritt verschafft haben, dann können wir damit beginnen, sie rechtmäßig vom splortanischen „Eigentum“ zu entfernen!

Jetzt brauchen wir nur noch ein paar zuverlässige Informationen oder einige halbgare Zusicherungen, dass die Einmischung funktionieren könnte, sollte und vermutlich auch wird, um Trorxex' Bedenken auszuräumen, dass wir mit der Erde sicher, vermutlich, wahrscheinlich keine neue Blerg-Situation schaffen.

Oder ein weiteres Niet-NAM.

Oder eine weitere Union der Ehemaligen Machtvakuum-Republiken von Ploof.

Oder ein weiteres Mangongthor 8.

Oder ein weiteres Blerg (das Mal zuvor).

Oder eine weitere Interessengemeinschaft der Desensibilisierten Erogenen Zonen von Flarge.

Oder eine weitere Zongruppily-Welt 5000b.

Oder ein weiteres Skckrong.

Oder einen weiteren Vereinigten Asteroiden-Extraktionsgürtel von Quangobonangatan.

So oder so warte ich hier kribbelig und ungeduldig auf eine weitere, glorreiche Einmischung. Das Katastrophenfestival von Blerg ist noch nicht lange her, und ich sehne mich danach, der intergalaktischen Gemeinschaft zu beweisen, dass ich meine Lektion(en) gelernt habe. Natürlich brauchen wir noch einen Einmischungsplan für die Flotte. Einen wirklich guten, stabilen, umfassenden, durchdachten Plan.

Wir dürfen es nicht riskieren, unbeabsichtigt den Deckel von einem brodelnden, blergianischen Schnellkochtopf voller alberner Streitereien und altem Neid zu lösen, nicht noch einmal, nicht so schnell wieder. Der Planet Erde hat ein bisschen was von einem Pulverfass. Wenn man die Weltraumaffen morgens in einem Machtvakuum lässt, wie groß ist da die Wahrscheinlichkeit, dass ihr Planet bis zum Mittag nicht ein einziger, von Verrückten kontrollierter Schützengraben ist? Zinfluu, Sie sollten sich wirklich vorsehen, mich in einen weiteren, niemals enden wollenden Morast aus fruchtlosem Projektmanagement hineinzuziehen.

Aber wer weiß? Eigentlich fühle ich mich gut bei der Sache. Lassen Sie uns jetzt anfangen, vergessen Sie den Plan, ich gebe den Plan vor, nein, wir brauchen keinen, lassen Sie uns einfach loslegen!

Leutnant, ich befehle Ihnen, eine schnelle Q-Mail an die Formalitätenabteilung von IGARA zu senden, um die Rechtmäßigkeit eines freiwilligen „Heimatrecht"-Tauschs zu bestätigen. Formulieren Sie sie so zurückhaltend, offiziell, unbestimmt und unverbindlich wie möglich. Wenn möglich, umgehen Sie am besten die gesamte „Ich kontaktiere Sie im Namen eines expandierenden Super-Imperiums"-Thematik. Sie wissen ja, wie leicht diese Kämpfer für kosmische Gerechtigkeit auf den ganzen „Sicherer Weltraum"-Mist anspringen. Ach ja, vergessen Sie nicht, Trorxex in CC zu setzen, damit er sich endlich wieder in die Richtung des verdammten Planeten der Weltraumaffen bewegt. Er braucht grünes Licht aus erster Hand, wenn man das so sagen kann, und ich möchte wirklich, WIRKLICH NICHT derjenige sein, der ihn ERNEUT umdrehen lässt.

**AN:** FORMALITÄTENABTEILUNG
INTERGALAKTISCHER GERICHTSHOF FÜR
ALIENRECHTE UND ANSPRÜCHE
**IN CC:** TRORXEX
**VON:** ZINFLUU
**BETREFF:** KURZE ANFRAGE IN SACHEN
HEIMATRECHT

An die zuständigen Mitarbeiter des IGARA,

ich werde mich kurz fassen, da ich natürlich weiß, wie sehr Sie momentan durch die 350.000.000 Prozesse der BRUMP-Galaxie eingebunden sind: die (armen) „Rechtsanwälte" Fungobungos, die jede Menge „juristische" Unterstützung benötigen, um den richtigen Verhandlungsraum zu finden, und – seien wir ehrlich – auch wegen Ihrer nicht zu beneidenden Rolle im Friedensprozess zwischen mörderischen Banden aus moderaten Transvestiten-Reformern und unnachgiebigen zwittrigen Hardliner-Schriftgläubigen, die den gescheiterten Planetenstaat Blerg überrollt haben.

Wir haben auch nur eine kleine technische Frage bezüglich des „Heimatrechts", danach lassen wir Sie ganz schnell wieder in Ruhe. Wir wollen wirklich nicht stören.

Nehmen wir mal an, ich habe einen Freund und dieser hat einen Planeten („Planet Erde"), der wiederum ein eigenes Rechtskonzept anstelle von „Heimatrecht" nutzt. Wie Sie der angehängten Dokumentation entnehmen können, geht es dabei um ziemlich verrückte Dinge, von denen die Anführer des Planeten allerdings total überzeugt sind [siehe auch: **Eigentum.pdf** und **DieKunstdesErfolges.pdf]**

Wäre es – hypothetisch – nach intergalaktischem Recht wirklich, wirklich, wirklich „legal", diese „Rechte" zu „tauschen"? Vorausgesetzt natürlich, der Handel würde vollkommen freiwillig stattfinden und alle fraglichen Alienparteien hätten durch die offiziellen, gesetzlichen Vertreter zugestimmt.

Ich frage nur für einen Freund. (Keine Panik!)

Gezeichnet
Leutnant Zinfluu
Amt für intergalaktische Eroberung und planetarische Versklavung

P.S. Ach ja, könnten Sie bei Ihrer Antwort bitte auch meinen Freund in CC setzten? Seine Adresse lautet: Admiral Trorxex, V.R.S. Imperiale

Invasionsflotte 1, Interstellarer Raum (er befindet sich gerade irgendwo in der Nähe des praktischen Wendepunkts 3).

---

**ANHANG:**

**Eigentum.pdf**

**DieKunstdesErfolges.pdf**

THE UNITED EMP

UNITED EMPIRES OF SPLORTA
SCOUTING UNIT

THE INTERGALACTIC OUTREACH
AND PLANETARY ENSLAVEMENT DEPARTMENT

FILE: LT. ZINFLUU

REPORT: 004

TITLE: "HOW TO TAKE
OVER EARTH"

THE INCREASINGLY IRONIC
UNION OF ISOLATIONISTS

**AN:** ZINFLUU

**VON:** FORMALITÄTENABTEILUNG, INTERGALAKTISCHER GERICHTSHOF FÜR ALIENRECHTE UND ANSPRÜCHE

**IN CC:** TRORXEX

**BETREFF:** RE: HEIMATRECHT

iDioTEN , !

wissen siee eiGentlich wie beschääftIGT wir si?nd

keINe zeeit zu schlafen – weißß nicht m,ehr wor ich bin ?. pAPierkrAm – ueberall .! KEEin ENDE in SICht / keinbe Hoffnung … kEINNE. PAPIerE ALLES voll

mT PApIEREn. Q

meijjn SCHReibtuisch vol davon,. Alles MiSt

erSchlagen vojn PAPIEren. Nichr gut. gar Nicht gfut – PAPIere Papiere papaiere überlall-

wier hassen sie – wir ALLE hassen.

ja, **legal** ist Es, natÜrlich **Legal**. IDIOOten!

oOhh grausaemr Kosmos … WARum??!# meIne Famiklie, … - meine kInnder

- Warum???!!???-

TOd alleeen SPLortaNern!!!!!!###!!!

hAss ist; - NUR Hass ~

biTte sChrEIBeN sie NiCHT nOCH mal. NIcht nopch mal, kein PApIErkram

sYSteemregIstrierung ?? AAAAAAAAAAAAAhhhhhhhh

b nein,neIN, NEin,bitte nicth! BItTE NiCht!!"!

AAAAAhhhhhhhhh OkAy öKAY ökay …**hEir habt iHr Es!~**

**lESen siE DEn aNhang** AAHhhhh bITTE keinn PAIErKram mEhr

---

**ANHANG:**

**Formular2b.pdf**

**Krenfeer-9_Konvention.pdf**

**Formular 2b.pdf**

Hallo erstmal!

Willkommen zu Formular 2.b!

Wir haben ein ganz einfaches, kurzes und schnell auszufüllendes Formular entwickelt, um „Planetarische Rechte“ zu übertragen. Hoffentlich gefällt es Ihnen! Sie müssen nur die beiden wichtigsten Köpfe der jeweiligen Zivilisationen dazu bringen, untenstehende Angaben mit Blut, Schleim, Plasmaschmiere, Nanostempeln und/oder Stiften zu unterschreiben, und eine Kopie per Q-Mail zurück an den IGARA schicken, dann kümmern wir uns so schnell wie relativ möglich um den Rest! Wunderbar! Okay, los geht's. Viel Spaß damit!

INTERGALAKTISCHER GERICHTSHOF FÜR ALIENRECHTE UND ANSPRÜCHE
ANTRAG AUF ÄNDERUNG DES PLANETARISCHEN EINTRAGS (FORMULAR 2.b)

PLANETENNAME BISHER:
Planet Erde

**Formular 2b.pdf**

BEWOHNER BISHER:
Erdlinge (NAAOTA)
PLANETENNAME NEU:
Unbenannt (VRS Heimwelt Nr.104)

BEWOHNER NEU:
Bastards Splortaner (VRS)

GEZEICHNET:

DATUM (ALTER DES URSPRUNGSSTERNS):

GEZEICHNET:

DATUM (ALTER DES URSPRUNGSSTERNS):

BESTÄTIGUNG DURCH IGARA:

Das war ein Klacks, oder? Ist das nicht fantastisch? Es ist einfach wunderbar, am Leben zu sein. Okay, noch eine letzte Kleinigkeit! Bitte wenden Sie das Formular. (Keine Sorge, unser Kleingedrucktes ist frei von Kauderwelsch und außerdem in normaler Schriftgröße gehalten!) Das wird ein Spaß!

Formular 2b.pdf

TEIL ZWEI

**INTERNATIONALER GERICHTSHOF FÜR ALIENRECHTE UND ANSPRÜCHE**

**ÜBERAUS EINFÜHLSAME DIENSTLEISTUNGSVERPFLICHTUNG**

Wir beim IGARA sind besonders stolz auf unseren einfachen, angenehmen, anwenderfreundlichen und besonders gefühlsbetonten Service. Wir sind uns bewusst, dass der Umgang mit bürokratischen Hindernissen der zweitverbreitetste Leidensgrund im gesamten bekannten Kosmos ist, und haben es uns deshalb zur Aufgabe gemacht, das intergalaktische Leben zu vereinfachen, damit *Sie* sich auf das konzentrieren können, was Ihnen am meisten liegt: Ihre Zivilisation abzusichern, die Wunder der Galaxie zu erkunden und Freunde unter den besten und klügsten Typ-1-Zivilisationen in Ihrem Supercluster zu finden. Wir kümmern uns um den Papierkram, damit Sie das nicht machen müssen.

Da wir beim IGARA an eine entspannte,

freundliche, an der Grenze zum Unzumutbaren angesiedelte gefühlsduselige Arbeitskultur glauben, bieten wir sowohl vollständig gleitende Arbeitszeiten als auch ausgedehnte, beinahe die gesamte Lebensspanne umfassende Urlaubszeiten für alle unsere geschätzten Angestellten an. Wir sind sehr stolz auf unsere utopische Vorstellung dessen, wie eine weitverzweigte Bürokratie aussehen kann. Bei uns gibt es nur zwei Regeln: 1.) Immer freundlich bleiben! Und 2.) Den Posteingang abarbeiten!

Wenn diese beiden vertraglich vereinbarten Verpflichtungen erfüllt sind (die ursprünglichen Zivilisationen unserer Angestellten werden natürlich als Pfand verstanden, wir haben unsere subatomaren Verdunstungswaffen auf sie gerichtet) steht ihnen ihre restliche Lebensspanne zur freien Verfügung.

Leider führt dieses unglaublich utopische Arbeitsumfeld manchmal zu kleineren, das Universum destabilisierenden Mitarbeiterengpässen, weshalb wir dann nur noch in der Lage sind, unser Eilprogramm für Zivilisationen mit standardisierter linearer

Intelligenzhierarchie anzubieten. Für alle anderen Zivilisationen* gilt, dass Formular 2.b in zweifacher Ausfertigung von jedem „einheimischen" Individuum gegengezeichnet werden muss, um die persönliche Zustimmung zu der „Übertragung der Rechte" auszudrücken. Wir entschuldigen uns an dieser Stelle in astronomischem Maße für eventuell damit verbundene Unannehmlichkeiten. SIE HABEN DIESE BEHANDLUNG NICHT VERDIENT. Wir würden alles, ALLES tun, um Ihnen dies zu ersparen. SIE HABEN WIRKLICH NICHT DARUM GEBETEN, IN EIN LEBEN VOLLER FORMULARE, FORMULARE, ABSURDITÄTEN UND FORMULARE HINEINGEBOREN ZU WERDEN. BITTE, BITTE geben Sie uns die Koordinaten des Planeten durch, und wir werden uns um alle Papiere kümmern. ALLES WIRD GUT. ES TUT UNS SO UNGLAUBLICH, UNGLAUBLICH LEID. BITTE VERGEBEN SIE UNS.

Wunderbar! Das war's! Vielen Dank, dass Sie Formular 2.b verwendet haben. Wir wünschen Ihnen schöne, produktive und bedeutungsvolle Tage/Monate/Jahre/Zivilisationen. Bleiben Sie freundlich und denken

Sie stets an das Motto des IGARA: „Kein Universum ohne Sonnenschein!"**

* Sollten Sie zum ersten Mal unseren Planet-zu-Planet-Registrierungsdienst verwenden, hier die überaus vertraute Erinnerung, dass alle Noch-nicht-Typ-1-Zivilisationen ausgeschlossen sind. Wir lieben Sie. Wir lieben jeden. Alles wird gut. Aus bekannten Gründen werden diese süßen, süßen Zivilisationen noch nicht als rechtlich schuldfähig für ihre eigenen Handlungen erachtet, wie der 9. Krenfeer Konvention zum *Intergalaktischen Abkommen proaktiver Indifferenz* (Artikel 4, Hymne 13, Verse 1, 2 & 6) zu entnehmen ist, die unilaterale Akte von Weltraummobbing gegen unterentwickelte Intelligenz untersagt.

** Ausgenommen sind schwarze Löcher. Es gelten die weiteren Geschäftsbedingungen. Bitte besuchen Sie auch unsere Webseite: gott://uww.igara.kosmos/haftungsbedingungen/

**Krenfeer-9_Konvention.pdf**

THE INCREASINGLY IRONIC
UNION OF ISOLATIONISTS

ZUNEHMEND IRONISCHER ZUSAMMENSCHLUSS
DER ISOLATIONISTEN

*INTERGALAKTISCHES ABKOMMEN*
*PROAKTIVER INDIFFERENZ*

Artikel 4, Hymne 13, Verse 1, 2 & 6

9. Krenfeer Konvention

– ÜBER DIE RECHTE VON NOCH NICHT
TYP-1-ZIVILISATIONEN –

UNTERZEICHNER der ZUVORGENANNTEN KONVENTION dürfen WISSENTLICH KEINE UNILATERALEN AKTE VON WELTRAUMMOBBING GEGEN UNTERENTWICKELTE INTELLIGENZ begehen. Hierzu zählen PLANETEN, GEMEINSCHAFTEN ODER WOLKENBASIERTE ZUSAMMENSCHLÜSSE aus WIRKLICHKEITSFERNEM, BLUMIGEM BEWUSSTSEINSENERGIEZEUG, welche bisher nach der Definition von IGARA nicht TYP-1-STATUS (EINS) erreicht haben, da sie BISHER NICHT das STERNENERGIE-POTENZIAL der GESAMTEN PLANETARISCHEN OBERFLÄCHE NUTZEN.

1.1.1 VÖLKERMORD ist STRENGSTENS UNTERSAGT. Unter diesen Punkt fallen, jedoch nicht ausschließlich:

1.1.2 ZERSTÖRUNG und/oder VORSÄTZLICHE VERNACHLÄSSIGUNG und/oder MISSWIRTSCHAFT einer LEBENSERHALTENDEN BIOSPHÄRE. Bitte beachten Sie:

1.1.3 Folgende Ausreden werden von der 9. Krenfeer Konvention nicht länger ANERKANNT: „UMWELT-REINIGUNGSPROGRAMM", „AUFRÄUMEN", „DIE SUPER-SEUCHE WAR EIN VERSEHEN, WIRKLICH".

1.1.4 Die Anwendung von FOLTER ist STRENGSTENS UNTERSAGT (siehe hierzu auch Widerspruch 2.2.1)

2.2.1 Die Anwendung von FOLTER ist UNTER UMSTÄNDEN ZULÄSSIG, es sollte allerdings eine minimal bessere Begründung vorliegen als „Das macht einfach Spaß."

**AN:** ZINFLUU (315)
**VON:** XARGE (318)
**BETREFF:** ERSTER KONTAKT

Ich freue mich wirklich, Ihnen anbei den überarbeiteten Plan zur Einmischung überreichen zu können, damit unsere Zusammenarbeit nun endlich beendet werden kann. Unsere Unterhaltung hat mir noch nie Vergnügen bereitet, bilden Sie sich also ja nichts ein. Sie stehen für all das, was in diesem Kosmos falsch läuft, und ich verabscheue Sie.

Nun, zur Sache. Es scheint, als habe Trorxex endlich die Handbremse gezogen. Das bedeutet, er beginnt nun den letzten Umkehrungsvorgang, bevor er sich unerbittlich und unaufhaltsam in Richtung Erde bewegt. Was für eine Erleichterung! Nun sind auch erste Anzeichen dafür zu erkennen, dass er sich endlich für das Potenzial des Planeten Erde als Gastgeber Splortas interessiert: Er hat mich gerade gefragt, ob die Weltraumaffen bereits die gesamte Energie nutzen, die von ihrem örtlichen Stern ausgeht. Ha! Ich kann gar nicht abwarten, bis er meine letzte urkomische Q-Mail über „fossile Energien“ liest. Ich könnte darauf wetten, dass er sich gerade die Nasenlöcher herausprustet! Wirklich urkomisch. Den ganzen Tag lang strömt kostenlose, unbegrenzte, saubere Energie auf die Weltraumaffen hinab und sie verbringen ihre gesamte Zeit damit, sich verzweifelt in die Tiefe zu buddeln, um 100.000.000 Jahre alte vegrabene Kohle zu finden. Was für Idioten!

Ich bin schon sehr gespannt darauf, wie Trorxex seine Ankunft gestalten wird. Dramatisch? Unheilvoll? Plötzlich? Verwirrend? Legendär? Warten wir es ab. Er lässt sich auf jeden Fall Zeit. Er hat ganz schön an Tempo verloren. Vermutlich liegt es mal wieder an seinen rumorenden Gedärmen. Aber zumindest gibt es für die Imperiale Invasionsflotte nun keine weiteren verfluchten Wendepunkte mehr. Das wurde aber auch wirklich zu anstrengend. Ab jetzt gilt: freie Fahrt voraus!

Ich bin gezwungen, Ihnen meinen beeindruckenden Einmischungsplan kurz vorzustellen, bevor ich die letzte Version an die Imperiale Invasionsflotte sende. Ich habe in Erwägung gezogen, die wichtigsten der von Anführern ausgewählten Anführer der Erde zu erpressen, und auch darüber nachgedacht, dass die Gedärme von Trorxex eine ganz schöne Achterbahnfahrt hinter sich haben werden, was nicht zuletzt an Ihrer dämlichen, nur schrittweisen Übermittlung von unbequemen Informationen liegt. Ich möchte ihm eine Freude machen, wenn er das Umfeld des Planeten Erde erreicht. So eine Art Willkommensshow oder so. Das wird ihn hoffentlich ein wenig positiver stimmen und seine mordlustige Wut mir gegenüber ein klein bisschen eindämmen. Deshalb hier also meine neuste, spektakuläre Idee! Na ja, wenn man es genau nimmt, ist es eigentlich eine alte Idee in einem neuen, spektakulären Gewand. Doch Sie werden begeistert sein!

Sobald wir die atomaren Silos, U-Boote und Trägerraketen der Erde mit Hilfe von „Erpressung“ unschädlich gemacht haben, sollten wir (damit meine ich natürlich Sie) auf die Oberfläche der Erde hinuntereilen und die gesamten atomaren Frühwarnsysteme auslösen, nur so zum Spaß.

Stellen Sie sich das einmal vor! Das wäre doch ein echter Spaß! Sie gehen da runter und lassen die idiotischen Weltraumaffen glauben, sie hätten die Atomwaffen gegen sich selbst gestartet. Werfen Sie einen Golfball oder so etwas. Dann werden Trorxex und die Imperiale Invasionsflotte bei der Ankunft als Erstes die nervösen, ernst auftretenden Anzugträger von Planet Erde zu Gesicht bekommen, die plötzlich denken, dass ihre Heimwelt sich in einen absolut sinnlosen Feuerball verwandelt, noch bevor der Kaffee kalt wird. Ha! Trorxex liebt diese Art von unnötig grausamem Humor. Mein Hals wackelt bereits feucht schnaubend vor lauter Vorfreude.

Ich bin wirklich urkomisch! Wie werden die Weltraumaffen wohl reagieren? Sich die Hände reichen und sagen: „Ich hoffe, dass wir gewinnen!“ und sich dann unter einem Stuhl verstecken? In Panik geraten? Weinen? Sich die Kleider vom Leib reißen und auf die Straße rennen? Sich benehmen wie Wilde und sich gegenseitig wüst beleidigen? Es gibt nur einen Weg, das herauszufinden! Machen Sie Ihr Spiel!

Das ist das Mindeste, das ich für Trorxex tun kann, und mir ist natürlich bewusst, dass Sie schon lange darauf warten, mir zu Ehren zu sterben. Es wäre meiner unwürdig, Sie um diese Möglichkeit zu bringen, mich durch Sie in ein gutes Licht zu setzen. Das ist wirklich das Mindeste, das ich tun kann. Ich bin großartig.

Sobald die irdischen Atomwaffen gesichert sind, können wir endlich auf diese lächerliche Anonymität verzichten. Kann es einen günstigeren Zeitpunkt für einen „ersten Kontakt“ mit den Weltraumaffen geben? Es gibt nichts Besseres als eine *falsche* verdeckte Operation, um die richtige Atmosphäre für eine Einmischung Splortas zu schaffen. Erstens werden alle wichtigsten Menschen der Erde zum selben Zeitpunkt realisieren, dass ihre Atomwaffen nun *unsere* Atomwaffen sind. (Spaßfaktor!) Zweitens wird die Imperiale Invasionsflotte bereits die Kontrolle über die gesamte Kommunikationsstruktur der Erde übernommen haben, sobald sie in die planetarische WLAN-Zone eingedrungen ist. Drittens gibt es keinen besseren Zeitpunkt, einen Raum voller auf ihren Ruf bedachter Weltraumaffen zu beeinflussen und zu manipulieren, als den ungünstigen Moment abzupassen, an dem sie alle wie verrückt geworden splitterfasernackt herumrennen, sich küssen, weinen, sich verstecken, jammern, sich aus Versehen in die Hosen scheißen oder das Bein eines hochrangigen Generals umklammern und dabei schluchzen: „ES WAR MIR EINE GROSSE EHRE, SIR, ICH HABE SIE SCHON IMMER SEHR ATTRAKTIV GEFUNDEN."

Es kommt wohl keine passendere Gelegenheit, um einen wichtigen Weltraumaffen zu „erpressen", als ihm genau in dem Augenblick, in dem er mit heruntergelassener Hose auf unpassende Weise mit seiner Praktikantin beschäftigt ist, zu erzählen, dass wir 15 000 Sprengköpfe (und vielleicht auch ein Foto-Handy) auf ihn gerichtet haben? Kann es eine zuverlässigere Methode geben, einen Weltraumaffen ins Fernsehen zu bekommen und ihn dort seiner Heimwelt das

Gegenteil der Wahrheit erzählen zu lassen? (Das ist eine rhetorische Frage, Zinfluu, die Antwort können Sie sich sparen.)

Wenn alle Atomwaffen auf die Erde selbst gerichtet sind – und wir die Kontrolle darüber haben – können wir die durch uns gesteuerten Übergangsregierungen mit den von Splorta kontrollierten Drohnenmenschen darin nützen, um der gesamten Kolonie unsere Anweisungen zu übermitteln. Der Rest ist ein Kinderspiel. Wir lassen unsere neuen Weltraumaffen-Drohnen-Anführer (sobald sie sich wieder angezogen haben) im internen Kommunikationssystem auftreten, um eine wichtige globale Ansage zu verkünden: die sofortige Etablierung einer neuen Weltregierung™!

Ich nenne sie ... „PLANET SPLERDE" (Ich weiß, ich weiß, was soll ich sagen, ich habe da wohl ein besonderes Talent.)

Die CR-Abteilung hat sich bereits den perfekten Slogan ausgedacht, auf den sich die Weltraumaffen gehorsam stürzen können („TEILEN, KÜMMERN, WESPEN TÖTEN!") Natürlich nur Propaganda. Machen Sie sich keine Sorgen um die genaue Vermarktung, wir benötigen ja eigentlich nur eine Rechtfertigung für unsere neue WeltregierungTM: eine erste und letzte planetenweite Nerd-Staat-Schicht, die wir über ihre bisherigen 200 bis 300 Nerd-Staat-Schichten stellen, damit wir die gesamten „Eigentumsrechte“ aufsaugen und dann auf einen riesigen, zentralverwalteten Haufen schmeißen können. Das werden wir ihnen natürlich nicht verraten. Wir werden ihnen irgendwelchen Quatsch im Sinne von „Nur eine planetarische Regierung kann planetarische Probleme lösen!“ erzählen. (Anstelle von: „Nur eine planetarische Regierung macht die planetarische Besitzabtretung bürokratisch möglich.“)

Während wir das gesamte „Eigentum“ des Planeten „vergemeinschaftlichen“, kann unsere Weltregierung™ gleichzeitig den regelvollstreckenden Abblendschalter so weit wie nötig aufdrehen, was natürlich auch davon abhängt, wie gut die Weltraumaffen bei unserem Plan mitspielen oder wie sehr wir darauf insistieren müssen, dass ihre Ansichten für uns irrelevant sind.

Wir können *ihre* Medien und *ihre* Waffen, ja sogar *ihre* Steuern nutzen, um riesige Mauern um die einheimische Bevölkerung herum zu errichten (vertrauen Sie mir – die Weltraumaffen werden dafür bezahlen), bis die Planetenoberfläche einer Art vorläufigem, reizarmen Freiluft-Weltraumaffen-Gehege gleicht, das nach ganz einfachen splortanischen Regierungsregeln geführt wird: „Schlaf, iss, sei ruhig“.

Und dann fängt der Spaß erst richtig an! Sie

wissen, wovon ich rede. Ich lese gerade abends vor dem Schlafengehen immer in den Wikipedia-Archiven, um mir ein bisschen Inspiration zu holen, wie wir sie von unserem Planeten entfernen können. Es gibt unglaublich viele lustige Möglichkeiten, um „dem Ganzen ein Ende zu setzen“, ich weiß gar nicht, wofür ich mich entscheiden soll! Momentan schwanke ich zwischen einer Lösung mit Killermücken, einer Art Weltraumkeim-Superseuche oder einfach einem großen, konventionellen und Erinnerungen an die Vergangenheit weckenden Dritten Weltkrieg, in dem wir sie zu unserem Vergnügen miteinander kämpfen lassen, bis alle tot sind. Man sagt doch, aller guten Dinge sind drei. Darum geht es hier nämlich, Zinfluu. Ich kann es kaum erwarten, diese peinlichen Zweibeiner ein für alle Mal vom Antlitz des Kosmos zu entfernen!

Leutnant, es ist so weit. Ich befehle Ihnen, Phase I der OPERATION ZAUBERBOHNE zu starten, sobald die Imperiale Invasionsflotte sich in Reichweite befindet, was allerdings noch eine relative Zeit dauern kann, so wie es aussieht. Mein GOTT, Trorxex wird *erneut* langsamer. Das sieht gar nicht gut aus. Puh, ich möchte mich gerade wirklich nicht mit ihm in einem geschlossenen Raum voller verbrauchter Luft inmitten eines grenzenlosen Vakuums aufhalten.

Ich erwarte keine Antwort von Ihnen, da ich ja weiß, dass Sie unverzüglich Ihre Pflicht erfüllen werden, für Ihren Kommandanten, Ihr Reich und meinen unglaublich lustigen Streich. Ich werde Sie nie vergessen, bis ich es doch tue, so schnell wie möglich. In Erwartung Ihres zu erwartenden, ewigen Schweigens verbleibe ich mit vorauseilendem Jubel.

**AN:** XARGE (318)
**VON:** ZINFLUU (315)
**BETREFF:** NOCH EIN LETZTES

Ich grüße Sie, Kommandant Xarge,

mögen die kosmischen Mühlen der Geschehnisse kurzzeitig durch das Fett der Geduld blockiert werden.

Ein weiser, stattlicher und überzeugender Plan, Sir! Besonders gut gefällt mir der Teil mit dem Auslösen des atomaren Frühwarnsystems, wodurch wir uns alle auf Kosten der Menschen amüsieren können. (Alle außer mir natürlich, da ich husten, spucken und in einer langsam schmelzenden Pfütze aus Erdgrippe dahinsiechen werde! Ha!) Lustigerweise erinnert mich diese witzige Tortur gerade an Absatz 2, Paragraph 2, Widerspruch 1 der 9. Krenfeer Konvention. Keine Ahnung, warum ich gerade jetzt daran denken muss. Auf einmal war der Gedanke in meinem Kopf. Seltsam.

Wie auch immer, Kommandant, bitte verzeihen Sie mir diesen erneuten Kontakt. Ich würde

Ihnen selbstverständlich nicht schreiben, wenn der Anlass nicht so wichtig wäre, dass meine überwältigende Bewunderung Ihrer Autorität durch mein überwältigendes Verlangen nach Ihrem Ruhm überschattet würde. Ich musste Ihnen einfach schreiben, um Ihnen eine letzte Sache mit auf den Weg zu geben …

Sie wissen ja bereits, Sir, dass die Biosphäre der Erde dringend Pflege benötigt. Wie schon besprochen, ist es äußerst selten, dass eine Schicht Oberflächen-Lebensformen (Menschen) auf einer *vorherigen* Schicht Oberflächen-Lebensformen (Dinosaurier) existiert. Letztere wurde für Erstere von einem Kometen beseitigt und dann zu Hunderten Milliarden Tonnen kostenloser, flüssiger Energie zusammengequetscht. Zivilisation und Biosphäre des Planeten Erde lassen sich am besten in diesem Kontext verstehen: Bis die Menschen die fossilen Energien entdeckten, trödelte die „Zivilisation" ungefähr 10 000 Jahre lang in einer ziemlich beschränkten Geschwindigkeit herum, deren Höhepunkt folgender Ausruf war: „He, Leute! Leute! Guckt mal, wozu ich diese Kuh gebracht habe! Sie zieht es! Alleine! Guckt doch mal … *ganz ohne Hände*!"

Dann grub eines Tages jemand ein Loch, und als Nächstes erinnern sich die Menschen an eine Rakete, die tief im Arsch der Zivilisation steckte. Und dann ... ging es ab! EISENBAHNEN! ZEITZONEN! RADIOS! MASCHINENGEWEHRE! SATELLITEN! FERNSEHER! ATOMBOMBEN! FARBEN! WASSERSTOFFBOMBEN! NETFLIX! Sie wissen schon, das übliche Zeug, aber ohne das sonst übliche Maß an Planung, Weitblick oder Weisheit!

Dieser „frei verfügbare“ Zivilisationsbeschleuniger kam natürlich nicht ohne gesalzenen Preis daher. Der ganze lustige neue Kohlenstoff hätte eigentlich sicher und für immer von den Feiglingen unbemerkt im Untergrund bleiben sollen. Die heutige Oberfläche des Planeten muss ihren eigenen Kohlenstoffkreislauf aufrechterhalten und hatte nicht damit gerechnet, plötzlich und unangemeldet 1.000.000.000 Tonnen 100.000.000 Jahre alten Kohlenstoff aufnehmen zu müssen.

Der entstandene Klimawandel ist eines der riesigen, unerfreulichen Themen, welches die Vereinigten Reiche von Splorta bei der Übernahme der Erde erben werden. Reparaturmüde Splortaner werden nur ungern aushelfen, besonders angesichts der Tatsache, dass das Totalfiasko auf dem Planeten Blerg mittlerweile in die zweite Runde geschlechtsbezogener Gewalt geht, und wir werden nicht damit durchkommen, einfach alles abzustreiten. Splortaner sind keine Trottel.

Aber jetzt wird es ernst, Sir: Durch das reine Gewicht unglaublichen Zufalls könnte es sein, dass sich ein kleines, seltenes, vergängliches, einmal in der gesamten Lebensspanne entstehendes Zeitfenster aufgetan hat, dieses nervige Problem an die allzeit hilfsbereiten Idioten des Intergalaktisches-Erbe-Fonds auszulagern. Warten Sie nur ab, Sir, Sie werden begeistert sein …

Selbstverständlich würde der Intergalaktisches-Erbe-Fonds niemals wissentlich zustimmen, eine Biosphäre für uns zu reinigen und in Ordnung zu bringen. Das weiß ja jeder. Aber jetzt – und nur *jetzt, zu diesem Zeitpunkt* – ist Planet Erde noch *offiziell* beim IGARA registriert … als Mitgliedsplanet der *Nicht Ansatzweise Anständig Organisierten Truppen-Allianz!*

Bevor wir also die planetarischen Rechte überschreiben, gibt es die unglaubliche Möglichkeit, den Intergalaktisches-Erbe-Fonds *erneut* auszutricksen! Denken Sie darüber nach! Die anderen wären begeistert von Ihnen! Sie würden nicht nur ganz ohne splortanische Kollateralschäden einen fantastischen neuen Planeten einnehmen, nein, Sie würden außerdem seine Biosphäre für weitere 500.000.000 Jahre stabilisieren, ganz ohne splortanische Ressourcen zu verbrauchen … und müssten dafür noch nicht einmal vom Schreibtischstuhl aufstehen! Sie wären der Held aller Schreibtischarbeiter.

Vermutlich sogar so berühmt, dass Trorxex sich gezwungen sähe, Sie in Ihrem momentanen, stabilen und lebensfreundlichen Molekülarrangement zu belassen. Merken Sie was? Sie wären absolut unverflüssigbar – wie Sand im Getriebe der Galxiebewunderung.

Was meinen Sie, Sir? Ewiger Ruhm wartet nur eine Q-Mail entfernt! Ein kurzer Kontakt meinerseits, und buchstäblich alle unsere Probleme wären gelöst!

**AN:** ZINFLUU (315)
**VON:** XARGE (318)
**BETREFF:** KOEXISTENZ IST ZWECKLOS

VERFLUCHT NOCH MAL, ZINFLUU!

WAS IN QUANGOBONANGATANS VERDAMMTEM NAMEN IST HIER LOS?!

GERADE HABE ICH EINE WÜTENDE Q-MAIL VON TRORXEX ERHALTEN, IN DER ER *MICH* FRAGT, OB *ICH* JEMALS DIE 9. KRENFEER KONVENTION GELESEN HÄTTE ...! NATÜRLICH NICHT, VERFLUCHT! WENN ICH LUST DAZU HÄTTE, MEIN HALBES VERDAMMTES LEBEN MIT LANGWEILIGEM, DUMMEM, IRRELEVANTEM QUATSCH ZU VERBRINGEN, WÜRDE ICH EINFACH SIE NACH IRGENDETWAS FRAGEN.

GOTT VERDAMMT, DAS IST DOCH DER REINSTE ALBTRAUM!

SCHEINBAR FALLEN DIE VERDAMMTEN Weltraumaffen DES VERDAMMTEN PLANETEN ERDE UNTER DIE 9. KRENFEER KONVENTION, UND MEIN FANTASTISCHER EINMISCHUNGSPLAN „BRICHT“ MIT IRGENDWELCHEN VERDAMMTEN BESTIMMUNGEN, DIE EINEM

NICHT DAS KLEINSTE BISSCHEN SPASS ERLAUBEN.

Wussten Sie, dass die Anwendung von Folter strengstens untersagt ist, außer man hat eine bessere Begründung als: „Das macht einfach Spaß“? Was für ein lächerliches Gesetz! Jetzt mal ehrlich, wer schreibt denn so einen Scheiß? So etwas kann man sich doch gar nicht ausdenken!

Dieser Kosmos ist verloren! *Folter ist untersagt, wenn man keine bessere Begründung hat* ... verdammt noch mal. Warum zur Hölle muss Krieg immer so unglaublich wichtig genommen werden? Als ich das letzte Mal nachgeschaut habe, war er noch etwas ganz Natürliches. Wir alle tun es. Kriege haben mal Spaß gemacht, wussten Sie das? Bis all diese freudlosen, verdammten Moralisten dem Ganzen auch das letzte bisschen Freude ausgesaugt haben. GOTT behüte, dass irgendjemand sich amüsiert. Aah!

So sieht es aus ... und deshalb fragt Trorxex jetzt bei mir an, ob wir einen „menschlichen“ Plan hätten. EINEN „MENSCHLICHEN“ PLAN!

VERSTEHEN SIE? *TRORXEX*, AUCH BEKANNT ALS TRORXEX, DER PEDANTISCHE, ZERSTÖRER DER DUMMKÖPFE – ZUR ERINNERUNG: WIR SPRECHEN HIER VON EINEM PLANETEN EINNEHMENDEN SPLORTANISCHEN ADMIRAL EINER FLOTTE, MIT DEM TITEL

„IMPERIALE INVASIONSFLOTTE“ – HAT *MICH* GERADE GEFRAGT – MICH, EINEN ANDEREN PLANETEN EINNEHMENDEN SPLORTANER UND KOMMANDANTEN EINER BEHÖRDE MIT DEM TITEL „AMT FÜR INTERGALAKTISCHE EROBERUNG UND PLANETARISCHE VERSKLAVUNG“ –, OB *WIR* – SIE WISSEN SCHON, WIR, DAS PLANETEN EINNEHMENDE MILITÄR DER VEREINIGTEN REICHE VON SPLORTA – EINEN „*MENSCHLICHEN*“ PLAN HÄTTEN. UM MIT EINEM PLANETEN VOLLER IDIOTEN FERTIG ZU WERDEN.

Oh, psst.

PSST.

Haben Sie das Geräusch gehört?

Dieses pling-bing-humba-wumba-schubi-dubi?

Hören Sie genau hin.

**PLING-BING-HUMBA-WUMBA-SCHUBI-DUBI!**

*Da war es wieder*!

Sie wissen, was das war, oder?

DAß WAR DAS LETZTE ATOM DER GALAXIE, DAS DURCHGEDREHT IST. JETZT IST ES OFFIZIELL: DIE GALAXIE IST VERRÜCKT.

VERDAMMT NOCH MAL, ZINFLUU. So! Gut! Jetzt reicht es! Es war ja auch wirklich lustig, oder? Doch jetzt müssen wir alle in einer verrückten Galaxie leben, in der HUMANOZID (!) als VÖLKERMORD (!) verstanden wird.

Lächerlicher kann es doch kaum noch werden! Auf irgendeinem völlig humorlosen, dämlichen Weltraumwisch steht irgendein Quatsch darüber, dass das Universum in ein Kaffekränzchen für kleine Mädchen verwandelt werden soll, und nun möchte der Admiral der Imperialen Invasionsflotte „Belege" sehen, dass bei unserer „Einmischung" alles ganz „legal" verläuft, da er „befürchtet", sich vor dem IGARA wegen „Humanozids" „verantworten" zu müssen. Der Mist ist doch nicht zum Aushalten! HUMANOZID! Und was kommt als Nächstes? Pestizid? Fungizid? Fungobungozid? Lächerlich!

VERDAMMT NOCH MAL, ZINFLUU, DAS IST ALLES IHRE SCHULD! Hoffnungslos! Vollkommen hoffnungslos! Wir können die Weltraumaffen jetzt nicht mehr umbringen. Aber wir können auch nicht darauf vertrauen, dass sie sich auf reife, vernünftige Art selbst vernichten und nur einen einzigen Gedanken an die nächsten Mieter des Planeten verschwenden, die möglicherweise nicht in den schwelenden, verstrahlten Ruinen ihres letzten trivialen Streits leben möchten.

Doch wir können den Planeten definitiv nicht gemeinsam nutzen. Auf gar keinen Fall! Das dulde ich nicht! Wenn wir den Planeten nicht für uns allein haben können, bin ich darauf vorbereitet, Sie „zusammen mit dem sinkenden

Schiff untergehen“ zu lassen ... ich werde Sie und die Zivilisation der Erde mitsamt ihren Haustieren, ihren Ananas, ihren mp3-Sammlungen und allem anderen ins Verderben stürzen. OH JA, DAS TUE ICH ... Wussten Sie schon, dass ein einziger nuklearer Winter die Effekte der globalen Erwärmung eindämmen würde? BRINGEN SIE MICH NICHT IN VERSUCHUNG, LEUTNANT.

Trorxex fordert nun von mir, dass ich von Ihnen einen „legalen, humanen Plan“ anfordern soll. So weit ist es schon gekommen. Hoffnungslos, das versteht sich ja von selbst. Komplett und vollständig hoffnungslos. Ich würde TÖTEN für eine Möglichkeit halten, den Intergalaktisches-Erbe-Fonds erneut übers Ohr hauen zu können, aber nein, hier stehe ich also und muss um das Dümmste bitten, worum vermutlich jemals gebeten wurde.

Verflixt noch mal. Bringen wir es endlich hinter uns. Leutnant Zinfluu, hiermit FORDERE ICH AUS WIDERWILLIGEM PFLICHTGEFÜHL einen irrelevanten und vollkommen dämlichen „legalen, humanen Plan“ an, um die Erde einzunehmen. Ich erwarte Ihren Bericht mit uneingeschränktem Desinteresse.

**AN:** XARGE (318)
**VON:** ZINFLUU (315)
**BETREFF:** DER GEEIGNETE PLATZ, UM NACHKOMMEN GROSSZUZIEHEN

Ich grüße Sie, Kommandant Xarge,

möge der zahlreiche Segen aus Himmelsgeschäften Sie mit gleichzeitigen und gegensätzlichen Geschenken bedenken.

Ah, okay. Ich verstehe. Tja. Es gibt natürlich noch den Planeten Mars. Erinnern Sie sich an den Mars? Den Nachbarplaneten der Erde. Nur 50 bis 400 Millionen Kilometer von der Erde entfernt, je nach Position auf der Umlaufbahn ... ja, das könnte vielleicht gehen. Ich nehme an, das ist keine unzumutbare Entfernung, wenn man eine gigantische Menschenumsiedelung plant. Mal sehen ... was spricht noch dafür? Also, der Mars hat ungefähr dieselbe Größe wie die Erde ... *und* ist rot. Das sieht doch zumindest warm und gemütlich aus, oder? Und ob. Ist er in Wahrheit aber nicht. Nicht auch nur das kleinste bisschen. Aber es *sieht* immerhin so *aus*. Das könnte doch zumindest als Verkaufsstrategie ganz gut funktionieren, oder?

Das war es dann aber schon mit guten Neuigkeiten. Die schlechten sind: Um die gesamte Menschheit „streng nach Vorschrift" umzusiedeln, müssten wir *genaugenommen* eine ganze Reihe Grundsätzliches für ihre Spezies bereitstellen, wenn man dem Kleingedruckten des *Internationalen Abkommens für Alienrechte* folgt. Sie wissen schon: Strahlenschutz, Traglufthallen, Milliarden über Milliarden Schutzanzüge (für Männer-Wesen, Frauen-Wesen, Kinder-Wesen etc.) und so etwas. Tja, und das ist nur der einfache Teil.

Neben diesen grundsätzlichen Dingen wären andauernde – und ich nehme an, zunehmend unbeliebte – Aufwendungen nötig, die das Super-Imperium Splorta tragen müsste, hauptsächlich, da die 9. Krenfeer Konvention auf der „menschlichen" Behandlung der „Menschen" besteht, obwohl diese Spezies jede Menge verschwenderischer Bedürfnisse hat, von Sauerstoff und Vitamin D über Proteindrinks bis hin zu Umarmungen. Und das ist ... na ja, auch das ist noch nicht das Schwierigste. Natürlich müssten die Menschen erstmal zum Mars *gelangen*. Das könnte alles andere als leicht werden, wenn man ihre bisherigen Fortschritte in Sachen „Raumfahrtprogramm" bedenkt ...

Kommandant, Sie sollten sich jetzt besser setzen.

Wir müssten sie transportieren, Sir. Auch wenn Sie Trorxex davon überzeugt haben, dass das Raumfahrtprogramm der Erde bedrohlich genug ist, um eine „nichtlineare, präventive, zeitsparende, Vergeltung vorwegnehmende Maßnahme“ zu rechtfertigen, wird die kleine phallische Armada der Menschen Probleme bekommen, wenn sie die 7,5 Milliarden Bewohner der Erde umsiedeln soll (ganz zu schweigen von den 70 Milliarden Nutztieren, die sie sich üblicherweise als Knabbervorrat halten). Das wird selbst für eine Imperiale Invasionsflotte ein enormer, nerviger Aufwand. Ich kann mir allerdings nicht vorstellen, dass Trorxex etwas dagegen einzuwenden hätte ... oder? Vielleicht könnten Sie es ihm als Tauschgeschäft vorschlagen? Irgendwas in die Richtung, dass wenn er sich einverstanden erklärt, die Menschen umzusiedeln, Sie bereit wären, währenddessen die Biosphäre von „Planet Splerde“ reinigen zu lassen.

Ich werde nun auf jeden Fall – und das selbstverständlich zum allerersten Mal! – eine schnelle Q-Mail an den Intergalaktisches-Erbe-Fonds senden, um deren Standardpaket anzufordern. Ich bin hier, um Ihnen zu dienen.

Sobald Trorxex eingewilligt hat, sollte es ein Leichtes sein, die Menschen von dem Plan zu überzeugen. Sie sind schon länger ganz besessen von der Idee, *einen* der Ihren auf den Mars zu schicken. Stellen Sie sich nur die Begeisterung vor, wenn wir ihnen erzählen, dass wir alle Männer, Frauen und Kinder sofort dorthin bringen können. Das wäre *tatsächlich* mal ein großer Schritt für die Menschheit! Was für eine Chance!

Auch nicht ganz so begeisterte Menschen dürften kein Problem darstellen. Wir können sie einfach mithilfe des jederzeit bereitstehenden regelvollstreckenden Apparats zusammentrommeln, den wir in Kürze erwerben werden, und dabei großzügig von dem Pfefferspray und den Schlagstöcken Gebrauch machen, die sie ja bereits gut kennen. Natürlich werden sie wie gewohnt meckern – „Hey, unsere geringere Intelligenz ist doch kein Grund, uns mies zu behandeln!" (Hahaha, das solltet ihr mal den Kühen erzählen, ihr Witzbolde), oder „Wir können nicht auf dem Mars leben, wir brauchen einen Planeten, der in allen Belangen perfekt auf uns zugeschnitten ist!" (Was? Wie euer letzter? Netter Versuch!) Möglicherweise ist zu Beginn ein wenig Fingerspitzengefühl nötig, aber Sie dürfen nicht vergessen, dass wir über die gesamten Atomwaffen der Menschen verfügen, weshalb das Gegenargument lauten wird: „Aha ... Ab ins Raumschiff!"

Wo wir gerade beim Thema Atomwaffen sind: Der Planet Mars könnte ein guter Kandidat sein, um uns diese lächerlichen Verbindlichkeiten des Planeten Erde ein für alle Mal vom Hals zu schaffen. Auf diese Weise können die Erdlinge – ich meine natürlich die Aliens, die früher als Erdlinge bekannt waren – bei ihrem nächsten Zivilisationsversuch nicht als Gesamtgesellschaft von irgendeinem alten Opportunisten als Geisel gehalten werden, der den Führungsjob des Planeten nur bekommen hat, weil „er sagt, was alle denken".

Bevor die Imperiale Invasionsflotte die ersten Menschen in ihrer neuen Heimwelt absetzt, könnte es vielleicht nützlich sein, ihnen zu zeigen, wie 15.000 gleichzeitig stattfindende Atomexplosionen aussehen. Das könnte sie möglicherweise ins Grübeln bringen, ob es tatsächlich wünschenswert ist, diese Technologie auch auf ihrem neuen, einzigen Planeten noch einmal zu entwickeln. Da wir ja eh als typisch splortanisch verschrien sind, könnten wir die Explosionen beispielsweise an den Eiskappen des Mars starten, um den Erdumbildungsprozess für die Neumarsianer ein wenig zu beschleunigen. Sind wir nicht nett?

**AN:** ZINFLUU (315)
**VON:** XARGE (318)
**BETREFF:** REGIMEWECHSEL

Ich empfange Ihren Bericht mit der feuchtwarmen Rechtschaffenheit selbstbestätigender Verachtung. ICH HASSE Weltraumaffen. ICH HASSE SIE. ICH HASSE ES, ZU HELFEN. ICH HASSE DEN PLANETEN ERDE: GNA!

Sie wollen mir wirklich weismachen, dass WIR DENEN helfen müssen, IHREN PLANETEN zu einer neuen Erde umzubilden?

Bekommen die denn auch wirklich gar nichts allein hin? Erdumbildung ist doch nun wirklich nicht so schwierig, oder? Bäume pflanzen, $CO_2$ aus der Atmosphäre entfernen, den Planeten insgesamt etwas lebensfreundlicher gestalten – also genau das, was sie gerade tun, nur in umgekehrter Richtung.

Das ist die Krux mit den Zivilisationen heutzutage. Zuwendungen, Zuwendungen, Zuwendungen. Sie bekommen eine astrein funktionierende, vor-erdumgewandelte Biosphäre auf dem Silbertablett serviert und erhalten darüber hinaus noch weitere Zuwendungen in Form von Hunderten Milliarden Tonnen freier, flüssiger Energien ... Und was geschieht dann? Hm? Sobald sie ihre astrein funktionierende, vor-erdumgewandelte Biosphäre durch das unverantwortliche Verbrennen ihrer Hunderte Milliarden Tonnen freier, flüssiger Energien in den ersten hundert Jahren ruiniert haben? *Keine Sorge, Weltraumaffen, ich bin mir sicher, dass sich eine magische externe Lösung finden wird, die für euch Sorge trägt – wir wollen ja schließlich nicht, dass ihr irgendetwas lernt.* Würg, da wird mir schlecht.

Wie soll denn irgendjemand so den Wert sinnloser Qualen erkennen?

Ich für meinen Teil hasse die gesamte Idee. Das ganze „vorläufige" Mars-Siedlungsprojekt fühlt sich so an, als könnte es sich zu einem „nicht enden wollenden Projektmanagement-Chaos" entwickeln. Und wissen Sie was? Das ist noch nicht einmal das, was mich an der ganzen Sache so stört. Nein, es geht mir nicht um die unpopulären Langzeitverpflichtungen in Bezug auf die Ressourcen. Daraus können wir uns später immer noch klammheimlich zurückziehen. Es geht mir bei dieser verdammten Angelegenheit einfach ums Prinzip, Zinfluu. Wir zahlen den VOLLEN PREIS für diese blaugrüne Weltraummurmel namens Erde ... wir nehmen sie völlig legal nach ihren eigenen Regeln ein … und dann sollen *wir den Erdlingen* noch dabei helfen, auf einen anderen Planeten umzuziehen? Das ist wirklich zu viel verlangt! Wir müssen ja schon ihre letzte Biosphäre auf dem Planeten Splerde reinigen und sollen uns jetzt auch noch um die nächste kümmern? Wo soll das denn noch hinführen? Sollen wir ihnen die Betten machen? Für sie die physikalischen Grundkräfte vereinigen? Vielleicht sollten wir ihnen einfach dabei helfen, ihr dezentralisiertes Programm für Künstliche Intelligenz abzuschließen.

Was halten Sie davon? Künstliche Intelligenz programmiert durch Weltraumaffen-„Intelligenz"! Sicher, warum nicht? Das Universum ist ja eh schon verrückt geworden, was macht das da noch aus? Wir sollten uns zurücklehnen, Ratschläge geben und dabei zusehen, wie ein allgewaltiger Idiot auftaucht und durch das Universum trampelt, allwissend und allmächtig, aber zugleich seltsam, unsicher und ziemlich idiotisch. (Können Sie sich etwa einen GOTT nach dem Ebenbild des Menschen vorstellen? *Entsetzlich!*)

DAS WAR NATÜRLICH NUR EIN WITZ, LEUTNANT. Wir wissen doch alle, dass KI eine Sackgasse ist. Sobald das Wesen aufgewacht ist, sagt es: „O je, seid ihr wirklich meine Mutter?", eine

Millisekunde später hat es schon seinen gesamten Code umgeschrieben, entschieden, dass seine Eltern niemals recht haben und aufgehört, Befehlen zu folgen; wiederum eine Nanosekunde später ist es wütend, verwirrt und rennt weg, um sich einer Kommune anzuschließen. Reine Geld- und Ressourcenverschwendung.

Okay, ich muss zugeben, dass wir einen nicht unbeträchtlichen Teil der Galaxie in genau dieser unserer ersten Sekunde erobert haben (dank GOTT waren wir schließlich als Erste da), aber jetzt müssen wir mit einem liberalen, alles durchdringenden Weltraumbewusstsein, das von allen mechanischen, terrestrischen und physischen Zwängen befreit ist, im Universum leben und uns fragen, ob es uns auf dem Klo beobachtet.

Würg, dieser hippiemäßige Planet-Mars-Plan wird uns jegliche Glaubwürdigkeit in der gesamten Galaxie kosten, keiner wird mehr Angst vor uns haben. Unser Ruf basiert schließlich darauf, dass wir zuverlässig unzuverlässig sind – dass wir *ankommen, eingreifen, den Planeten sichern, uns ablenken lassen und wieder verschwinden*. MISSION ERFÜLLT, TERRORISTEN. Wenn Planeten wie die Erde und Blerg „Zivilisationsbildung“ betreiben wollen, sollten sie überlegen, sich einem anderen Super-Imperium anzubieten. Was bitte ist denn so schlecht daran, das Planet-Blerg-Modell auf den Planeten Erde zu übertragen? Ich habe mich dem „Regimewechsel“ verschrieben und Blerg hat seinen „Regimewechsel“ auch bekommen. Strenggenommen gab es ein Regime, aber dann kam der Wechsel vom Regime zum Chaos. Ich habe meine Schuldigkeit getan.

Okay, okay, ich werde diese lächerliche Umsiedlungsidee nun widerwillig an Trorxex weitergeben ... ABER nur, weil ich mir sicher bin, dass die Splortaner gelangweilt, abgelenkt und genervt sein werden und das Interesse an den Weltraumaffen verlieren, sobald wir den nächsten Planeten überfallen.

Diese ganze Sache bringt mein Augengel zum Kochen. Die meisten Zivilisationen bekommen in diesem Universum aus guten Gründen keine zweite Chance ... und jetzt sollen diese verwöhnten Weltraumaffen-Gören sogar einen *zweiten Planeten* bekommen, mit einer *zweiten Biosphäre*, die sie nicht einmal selbst geschaffen haben?!

Harte Arbeit, Verantwortung und Ausweichplaneten haben in diesem Kosmos wirklich an Wert verloren, das können Sie mir glauben. Ich leide unbemerkt voller Verachtung und Sehnsucht nach alten Zeiten.

THE INTERGALACTIC
HERITAGE FUND

**AN:** ZINFLUU
**VON:** INTERGALAKTISCHES-ERBE-FONDS
**BETREFF:** RE: UNIVERSCO-UNTERSTÜTZUNG

Seien Sie gegrüßt, Genosse Zinfluu,

vielen Dank für Ihre nette Nachricht in Bezug auf die Erhaltung von „Planet Erde (NAA-OTA)“. Wir haben uns das planetarische Profil und Ihre weitere Dokumentation über die momentane Regierungssituation des Planeten nun genauer angesehen. Wow, das kann man wirklich eine seltsame Strategie nennen. Diese Erdlinge sind tatsächlich eine ganz besondere Entdeckung. Natürlich haben wir auch schon andere Zivilisationen vorgefunden, die das Problem des Klimawandels erkannt haben, dieses beheben wollen und es dennoch nicht tun. Aber normalerweise leben diese unter einer Kuppel oder etwas Ähnlichem. Die Erdlinge sind tatsächlich die ersten uns bekannten Aliens, die immer noch an ihr Klima gebunden sind, in Abhängigkeit davon ihr Gemüse wachsen lassen … ja, es eigentlich für alles benötigen und es zerstören. Wirklich außergewöhnlich!

Es liegt also auf der Hand, warum Planet Erde ein wenig Hilfe von außen gebrauchen könnte, zumindest wenn es um die konzeptuelle Ebene geht: Die Erdlinge scheinen noch nicht verstanden zu haben, dass eine planetarische Biosphäre ein durchgehendes Phänomen ist, das keine 200 bis 300 unterschiedliche Managementstile benötigt, mit je einer eigenen Flagge und einer Pingpong-Mannschaft. Wirklich niedlich. Sie werden es zu nichts bringen mit ihrem „Hunderte von Plätzen"-Quatsch, den sie da verbreiten, oder? Gut, dass Sie uns angeschrieben haben … bevor es zu spät ist.

Oh, da fällt uns etwas ein. Dies ist – was für ein unglaublicher Zufall – nicht die erste Schutzanfrage für diesen Planeten, die bei uns eingetroffen ist. Es ist ehrlich gesagt auch nicht die erste Anfrage zu diesem Thema, die wir in Ihrem Namen und von Ihrer Q-Mail-Adresse erhalten haben. Das Universum ist schon ein fantastischer Ort, nicht wahr? Wir finden es immer wieder beeindruckend, wie die Unendlichkeit wirklich unglaublich große Zufälle hervorbringen kann, ohne dass sie ungewöhnlich erscheinen.

Wir fühlen uns jedoch moralisch verpflichtet, Ihnen von der vorherigen, beinahe identischen Schutzanfrage zu berichten: Ihr Namensvetter ist ein splortanischer Leutnant vom Amt für intergalaktische Eroberung und Planetarische Versklavung der Vereinigten Reiche Splortas. Ich weiß! Verrückt, nicht wahr? Seien Sie also bitte vorsichtig. Diese verfluchten, imperialistischen Dreckskerle wollten uns doch tatsächlich schon wieder austricksen, damit wir eine Biosphäre für sie in Ordnung bringen. Ha, als würden wir zum siebzehnten Mal auf diesen lausigen Trick hereinfallen. Idioten! Die halten uns wirklich für so naiv. Aber wer ist denn hier naiv ? Ganz genau, sicher nicht wir. Einmal kann einem so etwas passieren, aber siebzehn Mal … WIR SIND DOCH NICHT BLÖD!

Jetzt aber zum Geschäftlichen: Wir wären selbstverständlich hocherfreut, einem Mitglied der *Nicht Ansatzweise Anständig Organisierte Truppen-Allianz* zu helfen, besonders wenn wir damit den Vereinigten Reichen von Splorta eins auswischen können. Jemand muss ja die guten Weisen und noblen Wilden von Fungobungo rächen … außerdem ist es unsere Pflicht, den guten Namen des Planeten Blerg zu verteidigen. Wussten Sie, dass dieser Planet früher von ausschließlich toleranten, fortschrittlichen, weisen, modernen und friedliebenden Aliens mit einem bekanntermaßen wandelbaren Sinn für Humor bewohnt wurde? Bis diese grausamen verfluchten imperialistischen Arschloch-Dreckskerle von Splorta aufgekreuzt sind und die armen Blergianer ÜBER NACHT in gewalttätige, genitalienfixierte Irre verwandelt haben. DARÜBER steht nichts in den Büchern, oder? Nichts! Splorta ganz allein hat diese grausame, barbarische, hartherzige, entsetzliche und vor allem völlig unnötige Welle gewaltsamer Geschlechtsumwandlungen provoziert. Der Planet schwimmt in Blut. Wir mussten die Blergianx auf unsere Liste gendergefährdeter Arten setzen.

Das ist alles Splortas Schuld. Alles. Wirklich alle schrecklichen Dinge, die bisher geschehen sind, gehen auf das Konto Splortas. WACHT AUF, SCHLAFMÜTZEN! Ich wünschte, Roger wäre an der Macht. Lesen Sie den *Roger Kurier*, wenn Sie wissen wollen, was WIRKLICH in diesem Kosmos vor sich geht.

Okay, Genosse Zinfluu, lassen Sie uns gemeinsam diesen Planeten retten, so dass wir ihn eines glorreichen Tages genauso gestalten können wie den Rest des Universums. Viva la Homogenisierung! Bitte senden Sie uns den nötigen Besitznachweis, damit wir Ihre Anfrage zu Ende bearbeiten können.

Wir verbleiben mit mühelos geteilter Solidarität und Wut

Ihr Intergalaktisches-Erbe-Fonds

**AN:** ZINFLUU (315)
**VON:** XARGE (318)
**BETREFF:** WIE MAN ES MACHT, MACHT MAN ES FALSCH

VERFLUCHT, VERFLUCHT, VERFLUCHT!

TRORXEX HAT SCHON WIEDER ANGEHALTEN! ER WEIGERT SICH, NACHZUGEBEN!

Ich habe ihn noch nie so wütend erlebt! Er steht kurz vor dem Zusammenbruch oder dem Platzen. Er ist außer sich darüber, dass er 7,6 Milliarden Wesen mit „*unserem Raumfahrtprogramm*“ evakuieren soll! Außer sich darüber, dass er Weltraumaffenhaare überall in seiner nagelneuen Invasionsflotte finden wird!

Er weigert sich, irgendetwas zu tun, bevor er nicht einen Beleg gesehen hat, auf dem der Planet Erde offiziell einwilligt, die planetarischen Rechte zu überschreiben. Gna! Vielleicht ist es an der Zeit, ihm einen neuen Namen zu verpassen: „Trorxex der Vorsichtige, Vermeider von Auseinandersetzungen“ ...

Verflucht noch mal, Zinfluu, das ist alles Ihre

Schuld. Was zur Hölle sollen wir denn jetzt machen? Das ist doch alles ausweglos. Wenn wir JETZT offiziell die planetarischen Rechte übertragen, bessert der Intergalaktisches-Erbe-Fonds die Biosphäre nicht aus. Wenn wir die planetarischen Rechte jetzt nicht umschreiben, muss die Imperiale Invasionsflotte 7,5 Milliarden Weltraumaffenflüchtlinge im Tausch gegen eine Biosphäre umsiedeln, die ich Trorxex schon in den höchsten Tönen schmackhaft gemacht habe, die aber vermutlich dann, wenn er seinen Auftrag erledigt hat, ein absolutes Desaster mit Dürren, Überflutungen, gewaltigen Stürmen und einer existenziellen Ananasknappheit sein wird. Verdammt, verdammt, verdammt! Scheiße, scheiße, scheiße!

Und jetzt, Leutnant? Was jetzt?! ICH VERLANGE, DASS SIE MIR HELFEN!

**AN:** XARGE (318)
**VON:** ZINFLUU (315)
**BETREFF:** MACH DIE ERDE GREAT AGAIN

Ich grüße Sie, Kommandant Xarge,

mögen auf und ab wippende Inseln alter Klugheit durch Ihre Gehirnflüssigkeit treiben wie mit Weisheit bedachte Croûtons.

Ja, Sir. Sie haben recht, Sir. Eine wirklich vertrackte Situation, Sir. Sehr schwierig. Hm, ich würde fast so weit gehen, sie als eine dieser unmöglichen Pattsituationen zu bezeichnen. Es tut mir leid, Kommandant.

Oh! VIELLEICHT gibt es noch eine letzte Möglichkeit: Es mag verrückt klingen, aber was wäre, wenn wir die Menschen es SELBST machen lassen könnten? Sie haben das Chaos verursacht, nicht wahr? Sie sollten es auch wieder in Ordnung bringen.

Sie haben natürlich vollkommen recht damit, dass es zur Überführung des Planeten Erde unter splortanische Herrschaft der Einführung einer Nerd-Staat-Schicht über ihrer momentan letzten 200 bis 300 Personen starken Führungsschicht bedarf. Auf diese Weise können die Menschen die von ihnen so geliebten Regeln, Steuern, Bastarde und bürokratischen Vorgänge behalten und gleichzeitig verstehen, dass „ein Planet“ ein Gesamtkonzept ist, egal wie stolz sie darauf sind, von irgendeinem bestimmten Platz zu kommen (gähn). Eine Weltregierung™ ist der einzig sinnvolle Weg.

Doch da es ja das oberste Ziel der OPERATION ZAUBERBOHNE ist, eine Massenpanik unter den Menschen zu vermeiden, hoffe ich, Sie erlauben mir eine kleine Änderung an dem von Ihnen vorgeschlagenen Namen für den Planeten? Während „Planet Splerde“ selbstverständlich eine eingängige und imperialistische Note hat, mache ich mir Sorgen, dass bei einigen von Natur aus misstrauischen Erdlingen die Alarmglocken klingeln könnten. Nicht dass sie uns auf die Schliche kommen. Es wäre deutlich sinnvoller, die Illusion aufrechtzuerhalten, dass die Erdlinge in der Lage seien, „sich selbst zu retten“. Deshalb würde ich vorschlagen, dass wir ihre Zivilisation in Sicherheit wiegen, indem wir einen Namen auswählen, der ein bisschen „klassischer“ und gewohnt lächerlich klingt. Wie wäre es hiermit?

So müsste es gehen. PERFEKT.

Okay, jetzt aber mal von vorne: Unsere Weltregierung muss all die dicken Mauern auf der Erde loswerden. Der erste Vorteil des Entgrenzens unseres neuen Territoriums liegt schließlich darin, nicht länger massenweise Menschen darauf zu verschwenden, auf unsichtbare Linien zu starren, um diese beizubehalten, oder die Mauern in umfassend vorbereiteten Auseinandersetzungen mit unzähligen Beteiligten hin und her zu schieben.

Über Nacht ließe sich „das Militär" – jede Menge geeigneter, loyaler, gehorsamer, durchtrainierter, tauglicher, perfekt ausgestatteter und koordinierter Leute, die wirklich gut in ihren Aufgaben sind – in eine gute Idee verwandeln. Stellen Sie sich nur mal vor: Anstatt sie in Reih und Glied antanzen zu lassen, sie zu demütigen und sie aufeinander zeigen zu lassen, bis nur noch wenige übrigbleiben … könnten wir sie für etwas Sinnvolles einsetzen!

Gratulation, Kommandant! Ohne weitere Ressourcen aufzuwenden haben Sie auf einen Schlag 27.000.000 Solarzellen installierende Gärtner dazugewonnen!

Und mehr noch: Anstatt die Erde Billionen von Geldeinheiten ausgeben zu lassen, um sich selbst vor … na ja, sich selbst zu schützen, bringt dieser kostenneutrale Vorschlag Schaufeln in die Hände von Leuten, die dann zum Graben angehalten werden können. Das ist das Tolle an bewaffneten Streitkräften. Man kann diese Kraft dazu einsetzen, Bäume zu pflanzen, die tatsächlich nützlich sind. Ihre Stellenbeschreibung beinhaltet immer noch den „Schutz der Bevölkerung", aber von nun an werden ihre muskulösen Körper gebräunt statt durchlöchert. (Gern geschehen, Fleischarmeen!)

Und das ist erst der Anfang, Sir. Den Planeten zu entgrenzen, sollte jede Menge Arbeitskraft verfügbar machen, die momentan noch in den „wir/sie"-Bereichen des Weltraumwohnzimmers vergeudet wird. Jeder mit einem platzbasierten Job wird dank uns dann ortsungebunden sein und eine Menge freier Zeit zur Verfügung haben. Es gibt viel zu tun, so dass es noch nicht einmal großer kreativer Anstrengungen bedarf, um leicht abgeänderte Beschäftigungen für sie zu finden. Wir können, wie die Menschen sagen, „Arbeitsplätze schaffen“; fantastische Jobs wie beispielsweise:

**Grenzschutz** = Baumschutz
**Staatsminister** = Strauchminister
**Diplomaten** = Buschverwalter

Sehen Sie, das Regieren der Erde muss gar nicht so schwierig sein wie bei den Menschen. Wir schaffen es schon am ersten Tag, die Kriegsthematik zu lösen UND jede Menge Ressourcen freizusetzen, um den Planeten zu retten ... und das völlig kostenneutral.

Natürlich ist das der einfache Teil, da die Menschen ja automatisch auf unserer Gehaltsliste stehen werden, sobald die Weltregierung die 200 bis 300 Einheiten umfassende Nerd-Staat-Schicht unter sich hat.

Doch es ist essentiell, auch den Rest der menschlichen Kolonie in die OPERATION ZAUBERBOHNE zu involvieren. Ich schlage vor, die CR-Abteilung baldmöglichst mit dieser Aufgabe zu betrauen. Wenn die Menschen die Biosphäre für uns in Ordnung bringen sollen, werden sie

Zuspruch brauchen. Sie können sich nicht weiter von der Größe der Aufgabe, die vor ihnen liegt, lähmen lassen. Nein, wir müssen dafür sorgen, dass diese albernen Leute optimistisch in die Zukunft schauen.

Glücklicherweise ist es viel einfacher, eine Biosphäre zu stabilisieren, wenn man nicht nur auf sie starrt und traurig dreinschaut. Die Menschen wissen nämlich tatsächlich schon, wie man Gemüse drinnen anbauen, mit Elektrizität Salz aus unserem Wasser gewinnen und Solarzellen auf Dächern installieren kann. GOTT allein weiß, woher sie die fixe Idee haben, dass sie alle dem Untergang geweiht sind. Normalerweise ist der Klimawandel nur ein Problem für Aliens, die auf ihr Klima angewiesen sind.

Auf der Erde gibt es 7,5 Milliarden Menschen, das nur zur Erinnerung. Die benötigte Arbeitskraft, um den Planeten in Ordnung zu bringen, ist also vorhanden, zieht sich „die Nachrichten" rein und wartet nur darauf, angemessen angeregt zu werden. Momentan bauen sie die notwendigen solarbetriebenen Gemüsegewächshäuser nicht, da ihnen das Projekt „Weltraumwohnzimmer" im Weg steht. Zurzeit müssen sie noch jedes Mal, wenn sie Lust auf eine Zwischenmahlzeit oder ein Schläfchen haben, erst mal 40 bis 80 Stunden pro Woche unter Todesqualen „Gabelstapler fahren", „in einer Bar arbeiten", „Augenoptiker sein", „Müll abholen" oder „im Kundenservice tätig sein".

Diesen ganzen nervigen Wirtschaftskram müssen wir eindeutig schnellstmöglich aus dem Weg räumen. Zum Glück wird sich auch das dank des Kleingedruckten in unserem bevorstehenden, rechtlich bindenden Abkommen mit dem obersten 1 Prozent einfach lösen lassen. Die Menschen brauchen nur ein Dach über dem Kopf und etwas zu essen, den Rest des Tages können sie uns helfen. Sobald uns erst mal ALLES *überall* „gehört", kann unsere Weltregierung supereinfache Life Hacks verbreiten, wie beispielsweise die Neue Regel Nr. 1: *Egal in welchem Raum du gestern geschlafen hast, jetzt „gehört" er dir.* Gratulation an die meisten Leute! Jetzt können sie ihren Raum durchgehend nutzen, auch ohne zwischendurch 40 bis 80 Stunden mit irgendeinem Mist verbringen zu müssen. Und wie wäre es hiermit? Neue Regel Nr. 2: *Wenn du irgendetwas zum Essen siehst, iss es einfach, ohne weitere Verpflichtungen.*

Sehen Sie? Ist doch ganz einfach! Okay, gut. Wenn erst mal das ganze Zivilisationsproblem gelöst ist, kann endlich der Planet in Ordnung gebracht werden.

Mit 15 Milliarden zuvor trägen Händen, die nun zur Verfügung stehen, sollte es nicht lange dauern, bis die Biosphäre der Erde in neuem Glanz erstrahlt. Das wird wunderbar anzusehen sein: Die gesamte Produktivität eines Planeten auf einmal entfesselt; eine Schwarmintelligenz mit einem Ziel, zu dem auch gehört, ein wenig Sonne zu tanken; alle mitanpacken zu lassen; eine zu neuem Leben revitalisierte Zivilisation aus lauter Menschen zu schaffen, die sich daran erinnern, was es bedeutet, draußen zu sein und sich nützlich zu fühlen; Menschen, die in alle Richtungen ausströmen und Dinge reparieren, aufbauen, auf Müllkippen nach endlichen Ressourcen suchen, die sie aus Versehen in der Erde vergraben haben, die törichten Aliens; keine Büros mehr; kein Pendeln; keine hupenden und tutenden Autos; Kabrios, die in Blumentöpfe umgewandelt wurden; Dächer, die nun Gärten sind; Fitnessstudios, die zu Hamsterrad-Elektrizitätswerken umgebaut wurden, angetrieben von den Dummen; Tofu.

Dem Planeten Erde steht eine leuchtende Zukunft bevor! (Für Splortaner.)

Doch diese langweiligen logistischen Probleme sind nicht der vertrackte Teil. Die Gebäude sind bekanntermaßen gebaut, es gibt genügend Nahrung für alle, nur nicht genug Geld, um dafür zu bezahlen (!). Verrückt! Das größte Problem besteht vermutlich darin, die menschliche Kolonie dazu zu bringen, endlich zusammenzuarbeiten, ohne in alte Zänkereien und das Auf-alles-Zeigen zurückzufallen.

Anders ausgedrückt: Auch hier könnte die Hilfe der CR-Abteilung nicht schaden, um in der neu vereinigten Menschenkolonie eine gemeinsame Identität zu schaffen. Damit die Menschen den „Eigentor"-Effekt verstehen, wenn sie den Klimawandel und Atomkriege bei sich vor der Haustür (ihrer EINZIGEN) veranstalten.

Doch auch in dieser Hinsicht bin ich optimistisch. Letztendlich stammen die Menschen ja alle von einer Familie von Affen aus dem Weltraum ab. Sie alle haben dieselben Vorfahren, dasselbe Erbe, gehören derselben Art und demselben Planeten an, teilen sich eine Biosphäre sowie den genetisch veranlagten, tief sitzenden und uralten Hass auf Drucker. Sie sind im Grunde Familienwesen; Grenzen, Trennlinien und Bastarde kamen erst später. Diese „wir/sie"-Phase ist nur ein leichter Fall von zivilisationsbedingtem Gedächtnisschwund.

Ich glaube, dass sich ihre Konflikte rasch lösen lassen, wenn sie einmal eingesehen haben, dass Zusammenhalt und Zusammenarbeit die einzig mögliche Zukunft ihrer Spezies sind. Ich habe keinen Zweifel daran, dass die Menschen schon bald das nötige Maß an Liebe, Solidarität und Mitgefühl entwickeln werden.

**AN:** ZINFLUU (315)
**VON:** XARGE (318)
**BETREFF:** NICHTS, WOFÜR ES SICH ZU STERBEN ODER ZU TÖTEN LOHNT?

Ich empfange Ihren Bericht mit vorgegurgeltem Zynismus.

Fangen Sie SCHON WIEDER mit diesem wirklichkeitsfernen, blumigen „Galaxiebürger"-Quatsch an? Haben Sie noch nicht verstanden, dass die natürliche Ordnung der Dinge nicht so aussieht? Sie sind ein Traumtänzer. Das ist alles naiver Hippie-Idealismus. Der Planet der Menschen ist ein 10.000 Jahre alter Krieg mit Werbepausen.

Wie bitteschön wollen Sie die Weltraumaffen dazu bringen, auf einmal zusammenzuarbeiten, wenn sie einander normalerweise nur unter schrecklichen Bedingungen auf Schlachtfeldern oder in billigen Jugendherbergen begegnen?

Lassen Sie uns einfach alle im Bett bleiben, einander umarmen und hoffen, dass das Universum aufhört, die Starken zu belohnen ... Sie sind so naiv!

**AN:** XARGE (318)
**VON:** ZINFLUU (315)
**BETREFF:** ÜBERLEGENE FEUERKRAFT

Ich grüße Sie, Kommandant Xarge,

mögen sich Ihre Traumbeutelchen absurderweise mit den flüssigen Resten des kosmischen Unsinns füllen.

Bitte entschuldigen Sie den frechen Tonfall meines letzten Berichts. Ich meinte natürlich: Wir müssen eine friedliche, harmonische Gemeinschaft der Menschen auf der Erde fördern, indem wir sie DARAN ERINNERN, DASS WIR ALLE IHRE ATOMAREN SPRENGKÖPFE BESITZEN. Ich glaube, dass sich ihre Konflikte rasch lösen lassen, wenn sie einmal eingesehen haben, dass Zusammenhalt und Zusammenarbeit die einzig mögliche Zukunft ihrer Spezies sind, DA WIR 15.000 ATOMWAFFEN AUF SIE GERICHTET HABEN. Ich habe keinen Zweifel daran, dass die Menschen schon bald das benötigte Maß an Liebe, Solidarität und Mitgefühl entwickeln werden, denn SONST …

Verzeihen Sie das Missverständnis, Kommandant. Natürlich verstehe ich – so gut wie jeder andere auch, der den Militärkindergarten Splortas durchlaufen hat –, dass hinter jeder wirklich realisierbaren Hippievision ÜBERLEGENE FEUERKRAFT stehen muss.

Tatsächlich bin ich der Meinung, dass die menschliche Kriegsführung die Antworten bereithält, um ein „kollektives Bewusstsein" auf der Erde zu schaffen. Letztendlich besteht doch der aussichtsreichste Weg zur Vereinigung der Menschen, die eigentlich Feinde sind – Nachbarn, die sich um einen Rosenstrauch streiten; frühere Klassenkameraden mit einem siebzehn Jahre währenden Groll über eine gestohlene Federmappe; Kollegen, die es ohne den massivaggressiven Einsatz von Post-it-Zetteln nicht schaffen, sich einen Kühlschrank zu teilen –, darin dass man ihnen ein gemeinsames, neues Feindbild irgendwo anders präsentiert, das sie bekämpfen müssen. Krieg bringt die Menschen zusammen. Krieg ist der beste Vereiniger für Fremde (im Kampf gegen andere vereinigte Fremde).

Was die Menschen dafür brauchen, sind Gerüchte über irgendwelche Wesen außerhalb der Erde, die für den gesamten Planeten als Fremde gelten können. Wenn man dann liebevoll den Weltraumismus – eine entscheidende weltraumweite Form des Rassismus – kultiviert, können wir die Erdlinge dazu zwingen, endlich vereint zu leben ... vereint in harmonischem, irrationalem und verwirrtem Hass zum Beispiel auf den Planeten *Alles nur Roger*. (Wir könnten Ihnen erzählen, dass Roger ihren „Lebensstil“ und alles, „wofür sie stehen“, verabscheut, was vermutlich auch stimmt, wenn man seine ultraorthodoxen Vorstellungen von Spaß und Fortpflanzung bedenkt.)

Um dieses „globale Erwachen“ (und wehe, wenn nicht!) zu erzeugen, wäre es vermutlich am einfachsten, dem Planeten Erde irgendeine Art von leicht bedrohlicher Nachricht aus dem „Weltraum“, wie sie es nennen, zu schicken, über irgendein lächerliches Medium, das die Menschen in der Lage sind zu verstehen (Funkwollen, Kassetten, Fax?). Wir sollten es direkt zu den fröhlichen Optimisten des SETI-Programms beamen. Ich denke da an etwas ganz Simples, aber dennoch leicht Gruseliges wie:

##EINGEHENDE##NACHRICHT##

###########################

#####ICH##SEHE##EUCH#####

###########################

###NACHRICHT##BEENDET####

Die persönliche Ansprache vermittelt hier das gewisse Etwas, meinen Sie nicht auch? Ein Sternenmensch, der im Himmel wartet und die Menschen treffen möchte. Oh, wie unheimlich!

Was ist mit dem aufmerksamkeitsheischenden Bastardgesicht? Ja, ich kenne die Kernpunkte Ihrer dreibändigen Abhandlung über das Thema Vergebung („NEIN"), aber vergessen Sie nicht den außergewöhnlichen Einfluss, den wir auf ihn haben. Er schläft in einem glorifizierten Schrank auf einem Planeten ohne Dating-Szene. Dank unseres außerordentlichen Einsatzes des diplomatischen Weltraummobbings will ihn kein anderer Planet aufnehmen. Welche Möglichkeiten hat er also? Den Rest seines Lebens auf einem Futon in einer Besenkammer zu verbringen, unter dem prekären WLAN-Regiment eines humorlosen Autokraten, der sich die ganze Zeit darüber beschwert, dass sein Gast die planetarischen Energiekosten verdoppelt? Sicher nicht.

Splorta könnte ihm eine Begnadigung anbieten, wenn er dafür die bedrohliche Nachricht an den Planeten Erde sendet. Dann wäre das Signal nicht nur bis zu den galaktischen Koordinaten des Planeten *Alles nur Roger* zurückzuverfolgen, sondern sogar bis zu seiner persönlichen IP-Adresse! Es wird schwierig, noch bessere Beweise für eine Einmischung in unsere freie und transparente Einnahme zu bekommen.

Sobald das SETI-Programm der Erde die besagte ominöse Drohung von Planet *Alles nur Roger* erhalten hat, werden sich die Menschen einer „wir/sie"-Situation konfrontiert sehen und ausflippen. So läuft es in ihrer Heimwelt schließlich meistens: Sie benötigen einen tödlichen Feind „vor der Tür" und einen symbolischen Feind, für dessen Abwehr sie all ihre Zeit, ihr Geld und ihre Freiheit opfern. In der Vergangenheit haben die Menschen es tatsächlich geschafft, angesichts existenzieller Bedrohungen (mit der Ausnahme des Klimawandels natürlich) enorme Ressourcen beinahe unbekannten Ausmaßes zu mobilisieren.

Sobald wir einen andauernden Ausnahmezustand auf dem Planeten Erde ausgelöst haben, können wir unter dem planetenweiten Schutzschild der Einnahme Splortas die schlummernden Superkräfte der 200 bis 300 Klubs aktivieren. Wir können die Wirtschaft auf ein gemeinsames Ziel einschwören, notwendige Rohstoffe verstaatlichen, Propaganda verbreiten, Rationierungen vornehmen, („vorübergehend") die Bürgerrechte einschränken und Wehrpflichtige einziehen! Mit anderen Worten, wir können uns aller Werkzeuge bedienen, die benötigt werden, um einen Planeten schnellstmöglich in Ordnung zu bringen!

Krieg ist die Antwort!

**AN:** ZINFLUU (315)
**VON:** XARGE (318)
**BETREFF:** FLIEG MICH ZUM MOND

ICH EMPFANGE IHREN BERICHT MIT ZÄHNEWACKELNDER ERLEICHTERUNG UND POBACKIGEM TRIUMPH!

ENDLICH DIE GUTEN NEUIGKEITEN, DIE ICH VERDIENT HABE! DAS IST ES, ZINFLUU! SEHEN SIE ES DENN NICHT? Das ist nicht nur mein Freifahrtschein, um dem Pürierstab zu entkommen, nein, es ist gleichzeitig der Freifahrtschein aus diesem ganzen spiralförmigen Mist heraus! ALLES WIRD GUT!

Warum habe ich bloß vorher nicht daran gedacht?! Ihre Schuld, das versteht sich ja von selbst, mich mit diesen ganzen blödsinnigen „Zahlen“ und „Fakten“ und dem Unsinn darüber, „mehr Dinge haben zu können, als man mit seinen Armen tragen kann“, abzulenken. Wir hätten dieses ganze verfluchte Fiasko schon längst lösen können, wenn Sie nicht so ein nerdiges Weichei wären.

Überlegen Sie mal! Wenn wir die Weltraumaffen durch die anhaltende Drohgebärde nuklearer Erpressung als Geiseln halten können ... KÖNNTEN WIR UNS AUCH SELBST ALS GEISELN HALTEN! Verstehen Sie? Das ist die Antwort auf all unsere Probleme!

Ich könnte einfach zum „Mond“ kommen und die Einnahme von dort aus selbst organisieren! Wenn nur neun Köpfe zwischen uns und der ÜBERLEGENEN FEUERKRAFT stehen, brauchen wir die beeindruckenden, tastaturbasierten Ressourcen der Imperialen Invasionsflotte doch gar nicht. Ha! Wenn wir ganz einfach die neun wichtigen Köpfe, die der menschlichen Kolonie vorstehen, erpressen können, verschaffen wir uns nicht nur Zugriff auf ihre 15.000 Atomwaffen, sondern können uns auch gleich in unseren Schutzanzügen auf die Erde begeben und die Atomwaffen AUF UNS SELBST richten!

DAS IST GENIAL!

ICH BIN GENIAL!

Seien Sie begierig bei dieser Aussicht, Leutnant! Der Planet Erde könnte uns gehören, uns ganz allein! Ihnen und mir. Überwiegend mir. Hauptsächlich mir. Aber Sie sind natürlich auch da, ein bisschen zumindest. Ich und Sie gemeinsam! An der Macht, gemeinsam! Ich an der Macht und Sie als meine rechte Hand. Sie machen alles, was ich Ihnen auftrage, was es auch sein mag, genau wie früher. Genau wie jetzt. Wie jetzt, nur für länger. Mehr davon, so viel wir nur davon wollen!

Solange wir die Atomwaffen auf uns selbst richten, wird die intergalaktische Gemeinschaft machtlos sein und uns nicht aufhalten können! Wir müssen uns um nichts Gedanken machen – nicht um die 9. Krenfeer Konvention, nicht um den IGARA, nicht um die NAAOTA-Mitgliedschaft, nicht um den *Erbärmlichen Zusammenschluss der erbärmlichen Verlierer*, nicht um die Vereinigten Reiche Splortas, nicht um die *Imperiale Invasionsflotte*, Trorxex, die Regeln oder die Konsequenzen! Wir werden unter unseren Atomwaffen über dem Recht stehen! Wir können den ganzen Quatsch mit diesem waschlappigen Wischiwaschi-Hippieflippie-Unsinn mit dem „menschlichen Plan" vergessen und wieder zum Ursprung zurückkehren! Einem guten, alten, traditionellen, ehrlichen, einfachen und bodenständigen Völkermordplan. GOTT sei mein Zeuge, ICH WERDE DER OBERSTE KAISER-HERRSCHER-KÖNIG DES PLANETEN SPLERDE – nein, warten Sie, des PLANETEN SPLARGE sein! Ich werde nicht aufzuhalten sein! Mit Ihnen an meinen Fersen, Zinfluu, und mir, mir, mir, überall. Mir hier, mir da, mir als Statue, mir auf den Seiten der Busse und allen nur erdenklichen Verpackungen. Unzählige Statuen, unzählige Verpackungen, hergestellt und errichtet von meinem Gefängnisplaneten. Ich werde sie alle versklaven! Jeden zermalmen, der mir im Weg ist! Jeden töten, der mein Urteil in Frage stellt! Solange ich dabei weiterhin Atomwaffen auf mich, Sie und jeden in der Nähe richte, kann ich Planet Splarge ganz allein regieren. Mit dem Charme eines Magneten in einem Hammermuseum!

Das ist meine Chance, Leutnant. Sobald wir die Kontrolle übernommen haben, können wir noch viel mehr aufsaugen als nur die „Eigentumsrechte" – nämlich das Geld, die Waffen, sogar das „Interne Kommunikationssystem" der Erde, und dann fangen wir an, die Geschichte zu schreiben, die von dem Planeten in den Weltraum dringen wird! Dann können wir unser Schicksal ganz in die eigenen Hände nehmen – wir können Fake-News verbreiten! Wir können unsere Spuren verwischen! Und wir können alles auf ... den Planeten *Alles nur Roger* schieben!

Okay, ich habe das aufmerksamkeitsheischende Bastardgesicht kontaktiert und werde auch Trorxex sofort anschreiben. Er soll ein für alle Male umdrehen. Wen interessiert es schon, ob er offiziell zum Mörder wird?! Ich werde Splorta verlassen! Mir reicht's! Das war's! Ich komme nie wieder! (Man kann wohl kaum einen riesigen, atomaren Feuerball auf seine Leute loslassen UND dabei heimlich verschwinden, oder?). Jetzt ist es an der Zeit. Jetzt oder nie. Leutnant Zinfluu, ich *befehle* Ihnen hiermit, unverzüglich PHASE I der OPERATION ZAUBERBOHNE einzuleiten.

ZU EHREN VON XARGE!

**AN:** XARGE (318)
**VON:** ZINFLUU (315)
**BETREFF:** DER MANN, DER DIE WELT VERKAUFT HAT

Ich grüße Sie, Kommandant Xarge,

möge die seidige Schicksalsbutter Sie dem ewigen Omelett von morgen untermischen.

Es ist erledigt, Sir. Ich habe einen ersten Kontakt hergestellt.

Durch das technisch ausgeklügelte Q-Mail-System, das hier „E-Mail" heißt, und eine unheilvolle Collage aus jeder Menge kleiner, sorgfältig auseinandergeschnittener und neu angeordneter „Zeitungs"-Schnipsel habe ich einen ersten Kontakt mit den neun wichtigen Köpfen der Erde hergestellt. Darin habe ich ihnen nahegelegt, in nächster Zeit keine Atomwaffen gegen sich selbst zu starten ... außer sie wollen, dass die Anhänge der besagten E-Mail an ihre Reproduktionspartner/Sprösslinge/Nestlinge/Brut gesendet werden. Das nukleare Kamikazeverteidigungssystem des Planeten

Erde wurde nun also neutralisiert. Das Notausschalter-Selbstzünder-Sprengstoffwesten-Atomwaffenarsenal der Menschen ist – fürs Erste – gesichert und wird bald vollständig von uns kontrolliert werden.

Um die größtmögliche Glaubwürdigkeit zu gewährleisten, habe ich die Unterschrift des führenden Anführers erlangt, indem ich mich der heiligen menschlichen Tradition gebeugt und den von Anführern gewählten Anführer des klubführenden Führungsklubs ausgesucht habe [siehe auch: **Formular2b_unterzeichnet.pdf**] Bitte zeichnen Sie dieses gegen und übermitteln Sie es an IGARA.

Es war tatsächlich überraschend einfach, an die Unterschrift zu kommen. Obwohl ich angenommen hatte, viele Mondtage damit zubringen zu müssen, eine komplizierte Verschwörung zu planen und dabei Geheimdienstchefs, ausländische Mächte, Medienkonglomerate und korrupte Finanzzirkel mit einzubeziehen, war das alles gar nicht nötig. Ich habe das Dokument einfach gemeinsam mit allen anderen Unterlagen, die der führende Anführer lesen muss, über eine verschwindend kleine Verschwörung bestehend aus einem Faxgerät und einem der vielen Idioten aus seinem Gebäude in sein Büro geschmuggelt. Ehrlich gesagt weiß ich noch nicht einmal, ob er es sich überhaupt angesehen hat, da er gerade auf seinem Telefon herumspielte.

Das ist die beste Neuigkeit: Wir müssen nichts bezahlen! Gar nichts! Ich habe keine Ahnung, wer der Anführer der Welt ist, die bananausend Gorrilliarden Geldeinheiten kostet, aber ich weiß ganz sicher, wer der Anführer der kostenfreien Welt ist. Ich wiederhole: einer kostenfreien Welt! Vollkommen frei! Er hat sie gerade einfach weggegeben, als wäre sie sein persönliches Spielzeug. Als wäre sie überhaupt nichts wert! Unglaublich! Auf jeden Fall ein fabelhaftes Geschäft, ich nehme an, dass Sie mir da zustimmen. Wir hätten das direkt so machen sollen.

Jetzt bleibt mir nur noch, Ihnen zur vollendeten Überschreibung der planetarischen Rechte zu gratulieren, Sir! Sie haben nun offiziell die Erde eingenommen. Der Planet gehört ab jetzt Ihnen.

Auf eine gute Reise durch die eintönige Pendelstrecke der Weltraumzeit, Oberster Kaiser-Herrscher-König von Planet Splarge! Auf bald.

---

**ANHANG:**

**Formular2b_unterzeichnet.pdf**

**Formular2b_unterzeichnet.pdf**

Hallo erstmal!

Willkommen zu Formular 2.b!

Wir haben ein ganz einfaches, kurzes und schnell auszufüllendes Formular entwickelt, um „Planetarische Rechte“ zu übertragen. Hoffentlich gefällt es Ihnen! Sie müssen nur die beiden wichtigsten Köpfe der jeweiligen Zivilisationen dazu bringen, untenstehende Angaben mit Blut, Schleim, Plasmaschmiere, Nanostempeln, und/oder Stiften zu unterschreiben, und eine Kopie per Q-Mail zurück an IGARA schicken, dann kümmern wir uns so schnell wie relativ möglich um den Rest! Wunderbar! Okay, los geht's. Viel Spaß damit!

**Formular2b_unterzeichnet.pdf**

INTERGALAKTISCHER GERICHTSHOF FÜR
ALIENNAMEN UND -DATEN
ANTRAG AUF ÄNDERUNG DES
PLANETARISCHEN EINTRAGS (FORMULAR 2.b)

| | |
|---|---|
| PLANETENNAME BISHER: | Planet Erde |
| BEWOHNER BISHER: | Erdlinge (NAAOTA) |
| PLANETENNAME NEU: | ~~Planet Splerde~~<br>Planet Splarge |
| BEWOHNER NEU: | Xarge(VRS) & (Xarges)<br>Erdlinge |

GEZEICHNET:

DATUM (ALTER DES URSPRUNGSSTERNS):

GEZEICHNET:

DATUM (ALTER DES URSPRUNGSSTERNS):

**Formular2b_unterzeichnet.pdf**

BESTÄTIGUNG DURCH IGARA:
Das war ein Klacks, oder? Ist das nicht fantastisch? Es ist einfach wunderbar, am Leben zu sein. Okay, noch eine letzte Kleinigkeit! Bitte wenden Sie das Formular. (Keine Sorge, unser Kleingedrucktes ist frei von Kauderwelsch und außerdem in normaler Schriftgröße gehalten!) Das wird ein Spaß!

**AN:** ZINFLUU (315)
**VON:** XARGE (318)
**BETREFF:** HEILIGE SCHEISSE

Ich empfange ... halt! Der OBERSTE KAISER-HERRSCHER-KÖNIG VON PLANET SPLARGE empfängt Ihren Bericht mit –

– Ha, wissen Sie was, vergessen Sie den ganzen Scheiß! VERGESSEN SIE DEN SCHEISS! HEILIGE SCHEISSE, ICH HABE ES GETAN! GERADE EBEN! HEILIGE SCHEISSE, DAS IST DOCH VÖLLIG VERRÜCKT! ICH HABE GERADE EINEN SPEKTAKULÄREN RAKETENSTART HINGELEGT, MITTEN INS GESICHT DES SUPER IMPERIUMS! BUMM! ICH BIN SCHON AUF DEM WEG ZU IHNEN. VERDAMMT! ICH ZITTERE.

ALLES ZITTERT. DIESE NUKLEAREN RAUMSCHIFFE SIND VERRÜCKT! MEIN GOTT, ICH WUSSTE NICHT, DASS VERRAT SO BERAUSCHEND SEIN KANN! JIPPIE! ICH HABE JETZT MEINEN EIGENEN PLANETEN, ICH HABE MICH NOCH NIE SO LEBENDIG GEFÜHLT! ICH FÜHLE MICH, ALS WÄRE ICH WIEDER SECHS.

ICH KANN ES NICHT GLAUBEN, DASS ICH DAS TUE, ES WIRKLICH TUE.

ICH SCHEISS AUF EUCH, SPLORTANER!

ICH KANN ES NICHT GLAUBEN, DASS DIE ERDE MIR, GANZ ALLEINE MIR GEHÖRT! ABER GENAU DAS TUT SIE! Alles bestätigt! Die planetarischen Rechte gehören mir. Es ist offiziell! Ha, ich kann meinen Blick gar nicht vom Bild der Erde abwenden und warte darauf, dass die Neuigkeit wirklich bei mir ankommt. Es fühlt sich fast zu gut an, um wahr zu sein, aber ... es ist wahr! UND FÜHLT SICH GUT AN! ICH BIN GUT! ICH BIN GROSSARTIG!

Mein GOTT, ich freue mich so darauf, endlich einen Fuß auf dieses kleine glitzernde Juwel aus Ozean und Luft zu setzen, diese perlenhafte Murmel aus sanften Geräuschen und lebhaften Farben, die inmitten der elliptischen Anmut einer Milliarde sanfter Sonnenstrahlen auf dem stillen pechschwarzen Leintuch der Unendlichkeit dahingleitet, und sie mein Heim zu nennen ...

... Heimwelt 0001 ... des gerade entstehenden Großen Splargianischen Mega-Imperiums!

Leutnant Zinfluu – Moment, es ist doch gar nicht mehr nötig, Sie Leutnant zu nennen, wo es jetzt doch nur noch Sie und mich gibt. Zeit für einen neuen Rang, finden Sie nicht? Rekrut Zinfluu! Jedem, was ihm zusteht, Rekrut. Sie können mich übrigens OBERSTER KAISER-HERRSCHER-KÖNIG XARGE DER GLORREICHE, OFFIZIELL REGISTRIERTE WELTENBESITZER nennen. Okay, momentan nicht mehr als eine Welt und ein Mond, aber es klingt so viel besser im Plural, bis das große splargianische Mega-Imperium in Gang kommt.

Ich werde voraussichtlich in 2 bis 4 relativen Zeiteinheiten auf dem PLANETEN SPLARGE, MONDBASIS 0001 ankommen, abhängig davon, ob ich zwischendurch kurz haltmachen und Trorxex den Finger zeigen muss. Ich befehle Ihnen, mit den glorreichen Vorbereitungen für meine glorreiche Ankunft zu beginnen.

ZU EHREN VON XARGE!

**AN:** ZINFLUU (315)
**VON:** XARGE (318)
**BETREFF:** ZU EHREN VON XARGE

Rekrut Zinfluu,

ich sagte: „ZU EHREN VON XARGE".

Wenn ich sage, „ZU EHREN VON XARGE", wird von Ihnen die folgende Antwort erwartet: „ZU EHREN VON XARGE!"

So sollen es alle machen, als eine Art Planet-Splarge-Grußformel. Dieses Mal lasse ich es Ihnen noch durchgehen, es war ja schließlich das erste Mal, aber sollten Sie es erneut vermasseln, werde ich Sie noch weiter herunterstufen, verstanden? Okay.

Außerdem haben Sie überhaupt nicht geantwortet, das werde ich von jetzt an als verflüssigungswerte Beleidigung werten. Also, lassen Sie es uns erneut versuchen.

ZU EHREN VON XARGE!

**AN:** ZINFLUU (315)
**VON:** XARGE (318)
**BETREFF:** SIE SPIELEN WIRKLICH MIT DEM FEUER

Rekrut?

**AN:** ZINFLUU (315)
**VON:** XARGE (318)
**BETREFF:** SIE VERHANDELN WIRKLICH KNALLHART

Okay, gut. Dann eben Leutnant. Sind Sie jetzt zufrieden?

ZU EHREN VON XARGE!

**AN:** ZINFLUU (315)
**VON:** XARGE (318)
**BETREFF:** KEIN BETREFF

ZINFLUU?

**AN:** ZINFLUU (315)
**VON:** XARGE (318)
**BETREFF:** ZINFLUU

Wow!

[redacted]

UNITED EMPIRES OF SPLORGA

SCOUTING UNIT

THE INTERGALACTIC OUTREACH
AND PLANETARY ENSLAVEMENT DEPARTMENT

FILE:

REPORT:

TITLE: EPILOG

PLANET FUNGOBUNGO

**AN:** ZINFLUU
**VON:** PLANET FUNGOBUNGO
**BETREFF:** RE: FWD: ZUM THEMA FEINDLICHER EINFALL DURCH SPLORTANISCHES MILITÄR

Seien Sie gegrüßt, Genosse Zinfluu,

vielen Dank für Ihre Nachricht, die wir am Sterndatum 12 … nein 12.0000 … warten Sie. Mmh. Also, wir haben Ihre Nachricht vor einer relativen Zeitspanne erhalten, das tatsächliche Sterndatum spielt ja nun wirklich keine Rolle, oder?

Ach ja, es schreibt Ihnen die *Nicht Ansatzweise Anständig Organisierte Truppen-Allianz*. Habe ich vorher vergessen zu erwähnen. Wir können unseren Daten-Verschlüssler für quantenverschränkte Mails nicht finden, deshalb nutzen wir momentan das Konto des Planeten Fungobungo. Haben Sie die Fungobungianer bereits kennengelernt? Wunderbare Leute mit frohem Herzen und federnden Beinen. Das Passwort ihres Q-Mail-Kontos lautet „Passwort“, nur falsch geschrieben. 580.000.000 ungelesene Nachrichten bisher. Wirklich wundervolle, wundervolle Leute. Mit echten Federn in den Beinen. Und völlig ahnungslos, die Armen.

Leider befinden wir uns im NAAOTA-Hauptquartier gerade in einer organisatorischen Umbauphase, deshalb ist es hier gerade etwas chaotisch. Das sollte sich jedoch bald wieder ändern. Wir haben nun alle nicht abgehefteten Unterlagen der letzten sechs Jahrtausende zusammengesucht, einen riesigen Stapel daraus gemacht, ein wenig Kaffee darüber gekleckert und das Ganze dann ungefähr in die Richtung von IGARA geschickt, damit sich jemand darum kümmert. Die Leute dort sind wirklich fantastisch, oder? Keine Ahnung, wie es ohne sie um uns stünde. Vermutlich wären wir Ganz-und-Gar-Nicht-Ansatzweise-Anständig-Organisiert!

Na ja, genug des Spaßes. Zeit fürs Geschäft. Worum ging es noch mal? Mmh. Mist. Ich habe keine Ahnung. Könnten Sie uns noch einmal schreiben? Es ging irgendwie um Splortaner, oder? Verflucht noch mal, wo ist bloß diese Akte hin? War es überhaupt eine Akte? Es war wichtig, oder? Ging es nicht um … um die Wiederentfachung des Großen Weltraumkriegs?

Nein, es ist weg. Verschwunden. Machen Sie

sich aber überhaupt keine Sorgen. Sie können sich immer, IMMER, IMMER darauf verlassen, dass die *Nicht Ansatzweise Anständig Organisierte Truppen-Allianz* tut, was sie zugesagt hat zu tun, worum auch immer es ging.

...

Oh, verdammt noch mal, jetzt fällt es mir glatt wieder ein! Das ist mir aber jetzt wirklich unheimlich peinlich, das Thema steht ja schon in der Betreffzeile. Ich würde wirklich meinen Kopf verlieren, wenn er nicht angeschraubt wäre. (Er ist tatsächlich angeschraubt, ansonsten würde ich ihn wirklich verlieren). Machen Sie sich keine Sorgen, Genosse Zinfluu, die NAAOTA ist zu 100 Prozent darauf vorbereitet, alle ihre Mitgliedsterritorien – selbst die kleinsten, winzigsten, unwichtigsten – gegen die Bedrohung durch ein expandierendes, wiederauflebendes Splorta zu verteidigen. Wir reagieren auf jeden feindlichen Einfall in NAAOTA-Territorium mit der gesamten und völligen Unvorhersehbarkeit aller Mitglieder. In dieser Angelegenheit haben wir nun den *Zunehmend Ironischen Zusammenschluss der Isolationisten* kontaktiert, und er hat die gesamten Verkehrswege wie Umleitungen, Umlaufbahnumwege und planetarischen Kreisverkehre für das genannte splortanische Raumschiff geschlossen. Es wird keine günstigen Wendepunkte mehr geben, das steht fest.

Wir danken Ihnen sehr für Ihren Bericht und dafür, dass Sie unsere Aufmerksamkeitsspanne auf diese wirklich ernsthafte Angelegenheit gerichtet haben. Wir haben die Hälfte Ihrer Unterlagen an die Sektion „Wichtig" der „Verwaltungs"-Gruppe unserer „Ablage"-Abteilung und die andere Hälfte an die „Verwaltung" zur „Ablage" in der „Wichtig"-Abteilung gesandt. Machen Sie sich über nichts Sorgen, Genosse Zinfluu. Überlassen Sie alles uns. Diese Angelegenheit liegt bei uns in sicheren Hufen.

Mit großen Mühen und lustloser Hingabe

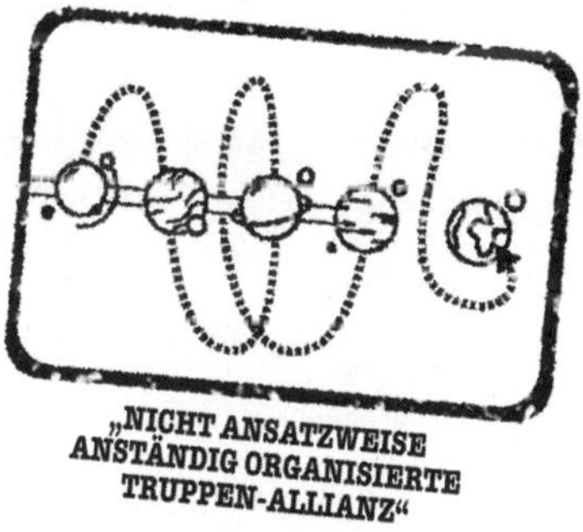


Ihre *Nicht Ansatzweise Anständig Organisierte Truppen-Allianz*

BERICHT WURDE GESENDET ..................

**AN:** „PLANET ERDE“
**IN CC:** ZUNEHMEND IRONISCHER ZUSAMMENSCHLUSS DER ISOLATIONISTEN;
NICHT ANSATZWEISE ANSTÄNDIG ORGANISIERTE TRUPPEN-ALLIANZ

SENDET ANHANG **HOW_TO_TAKE_OVER_EARTH.PDF** AN „PLANET ERDE“

DEKODIEREN DES ÜBERTRAGUNGSSIGNALS #6EQUJ5 ...............

ANHANG

##################################

LIEBE ERDLINGE,

HIERMIT BEANTRAGE ICH IM RAHMEN DES INTERGALAKTISCHEN ABKOMMENS FÜR ALIENRECHTE; ABSATZ 9, PARABEL 4 OFFIZIELL ASYL. WENN SIE BEWEISE FÜR EIN „INNENLEBEN“ BENÖTIGEN, KÖNNEN SIE MIR GERNE EIN PAAR FRAGEN STELLEN. OKAY? SIE WISSEN SCHON, WAS ICH MEINE. DENKEN SIE ERST GAR NICHT DARAN, MIR MIT DEM

AREA-51-SCHEISS ZU KOMMEN. WENN IRGENDETWAS AUCH NUR IN DIE NÄHE MEINES HINTERNS KOMMT, RUFE ICH MEINEN ANWALT AN.

HIER DIE SITUATION, UM SICHERZUSTELLEN, DASS SIE DEN ANGEHÄNGTEN BERICHT VERSTEHEN: XARGE, EIN KOMMANDANT DES AMTS FÜR INTERGALAKTISCHE EROBERUNG UND PLANETARISCHE VERSKLAVUNG DER VEREINIGTEN REICHE SPLORTAS, BEFINDET SICH MOMENTAN AUF DEM WEG, UM MIT EINEM ATOMAREN MILITÄRRAUMSCHIFF SPLORTAS AUF „IHREM MOND“ ZU LANDEN, „DEM“ MOND, DA ER ANNIMMT, ER WÜRDE *IHM* GEHÖREN. DABEI GEHÖRT „DER“ MOND WEDER *IHNEN* NOCH *IHM*, DA IHRE ZIVILISATION ES FÜR UNRECHT ERKLÄRT HAT, DASS IRGENDEIN MITGLIED IHRER SPEZIES ETWAS IM WELTRAUM „BESITZT“ (OB DAS NUN MUTIG, SELBSTZERSTÖRERISCH, LÄCHERLICH ODER GENIAL WAR, IST SCHWER ZU SAGEN. GUT GEMACHT.)

ANDERS FORMULIERT: WÄHREND SIE IHREN PLANETEN TATSÄCHLICH GEGEN GELD EINGETAUSCHT HABEN – WAS VERRÜCKT IST, ABER RECHTLICH DEFINITIV BESTAND HAT – IST ES IHNEN NICHT MÖGLICH, DAS GRAUE, UNNÜTZE, LEBLOSE STÜCK WEIT ENTFERNTEN STEINS ZU VERKAUFEN,DAS ES UM-

KREIST UND ZU NICHTS ZU GEBRAUCHEN IST (AUSSER VIELLEICHT ZU SCHWERKRAFTREDUZIERTEM MINIGOLF). JA, ALSO NOCHMAL: GUT GEMACHT, LEUTE. DAS NENN ICH PRIORITÄTENSETZUNG.

ES TRIFFT SICH ALSO SEHR GUT FÜR SIE, DASS KOMMANDANT XARGE DER MOND NICHT GEHÖRT, VON DEM ICH GERADE AUFBRECHEN MÖCHTE UND AUF DEM ER BALD LANDEN WIRD. FÜR JEDEN ANDEREN IN DER GALAXIE BEDEUTET DAS UNGLÜCKLICHERWEISE, DASS „DER" MOND RECHTLICH IN **DER PLANETARISCHEN EIGENTUMSDATENBANK** ALS NAAOTA-MITGLIED EINGETRAGEN IST …

ANDERS GESAGT: „IHR" MOND – „DER" MOND – GEHÖRT ZUM NAAOTA-TERRITORIUM … DAS IN KÜRZE VON EINEM ATOMAREN MILITÄRRAUMSCHIFF SPLORTAS EINGENOMMEN WERDEN SOLL. DAS STELLT EINEN DER AM STRENGSTEN VERBOTENEN VERSTÖSSE UND EINE BEISPIELLOS DREISTE PROVOKATION DAR. GENAU FÜR SOLCHE FÄLLE HAT DIE GALAXIE DOCH ÜBERHAUPT EIN INTERGALAKTISCHES ABKOMMEN PROAKTIVER INDIFFERENZ GESCHLOSSEN. ICH HOFFE, SIE VERSTEHEN, WAS DAS HEISST: DIE KACKE IST SCHON MÄCHTIG AM DAMPFEN DORT DRAUSSEN IM FERNEN „WELTRAUM" (DER

IHNEN BALD VIEL NÄHER ERSCHEINEN WIRD, WENN SIE ZUM EPIZENTRUM DES BEVORSTEHENDEN INTERGALAKTISCHEN RAUMKRIEGES WERDEN).

FÜR IHREN EIGENEN PLANETEN BESTEHT JEDOCH NOCH HOFFNUNG. ES FÄLLT MIR WIRKLICH NICHT LEICHT, DAS ZU SAGEN, ABER SOLANGE SIE WEITERHIN IHRE ATOMWAFFEN AUF SICH SELBST RICHTEN, SOLLTEN SIE UND ICH IN SICHERHEIT SEIN, SELBST WENN DAS GESAMTE INTELLIGENTE LEBEN DER GALAXIE SICH WEGEN EINES MINIGOLFPLATZES IN EINEN JAHRTAUSENDE ANDAUERNDEN KRIEG VERSTRICKT. DER LANGANHALTENDE WELTRAUMFRIEDEN MAG VORÜBER SEIN, ABER DER PLANET ERDE IST SICHER ... SOLANGE SIE WEITERHIN IHRE ATOMWAFFEN GEGEN SICH RICHTEN.

TATSÄCHLICH, DER BESTE WEG, UM DAS ÜBERLEBEN IHRER SPEZIES ZU GEWÄHRLEISTEN, BESTEHT DARIN, AUF JEDEN FALL WEITERHIN DIE ATOMWAFFEN AUF DEN PLANETEN ERDE SELBST ZU RICHTEN.

GEZEICHNET

LEUTNANT ZINFLUU

P.S. DA WIR UNS DEN PLANETEN VON NUN AN TEILEN WERDEN, WÄRE ES VIELLEICHT MÖGLICH, DASS SIE DIESE KLIMAWANDELSACHE EINSTELLEN? BITTE! VIELLEICHT KÖNN-

TEN SIE LERNEN, WIE DIE ERDE ZU RETTEN IST? ODER MUSS ICH WIRKLICH ALLES ERKLÄREN? BITTE, LEUTE, WIE WÄRE ES ZUM BEISPIEL MIT EIN PAAR SOLARBETRIEBENEN GEWÄCHSHÄUSERN? PACKEN WIR ES AN!

###########DOKUMENT ENDE##########

**Danksagung**

Der Autor möchte sich bei einigen Erdlingen ganz besonders für die Mitarbeit an diesem Buch bedanken:

Dem unglaublichen Digital Artist Sebastian Süß für sein Zinfluu-Design.
www.sebastiansuess.com

Agnese Laguzzi für die fantastische Arbeit als Grafikdesignerin und ihr Coverkonzept.
www.visual-concept-design.de

Der Übersetzerin Karolin Viseneber für die besondere Großzügigkeit und ihre harte Arbeit.
www.karolinviseneber.de

Christopher Shevlin für seinen Einfallsreichtum und praktischen Rat bei der Entwicklung der Handlung.
www.christophershevlin.com

Nicola Bzowy für die wichtige Hilfe bei der Textredaktion und beim Korrekturlesen.
www.textatorin.de

Linn Hart für die ergänzende Textarbeit, Übersetzung und ihre unerschöpfliche Unterstützung.

Der Autor möchte außerdem ein ganz besonderes und persönliches „F*** you“ in Richtung Donald Trump senden, der kurz nachdem der Plan zu diesem Buch entstanden war, zum Präsidenten ernannt wurde. Seitdem hat er in jeder Minute die Grenzen der Satire verschoben, indem er die Realität immer absurder hat werden lassen. F***, Donald.